働き始めた
君に伝えたい

仕事の基本

江口克彦

日本実業出版社

はじめに

なにごとも同じですが、仕事においても人生においても、「ツボ」「押さえどころ」というか、「基本の基本」というものがあります。

簡単な話、「手紙」を例にしましょう。

このごろの若い人たちは、あまり手紙を書かないかもしれません。しかし会社に入れば、たびたび手紙を書かなければならないことがあります。そのようなときに、ただなんとなく書けばよいということでは許されません。

一般的に、「拝啓」から書き始め、最後は男性ならば「敬具」、ここは女性ならば「かしこ」で結んでもいい。

そして、「拝啓」のあとに、時候の挨拶などの言葉を続ける。それから本文を書きます。

あるいは、「拝啓」ではなく「前略」で書き出せば、結びは男性も女性も「草々」と書くなど。

仕事で、お礼状などを書くとすれば、「拝啓」、「敬具」または「かしこ」、「前略」、「草々」の言葉を書くことは、まさに正式な手紙の「ツボ」を押さえることです。

手紙を書くときの「基本の基本」です。

こういう言葉を書いておけば、相手は正式な礼状として好感を持ちますが、これらの言葉が書かれていないと、「なんだか馴れ馴れしい。個人的なことじゃないいんだから」とか、「手紙の書き方も知らないのかな」などと思われてしまいます。

仕事を指示されたときも、やはり「ツボ」を押さえて取り組まないといけません。

上司が、「とにかく急いで、すぐにやってくれ」と言っているのに、いつも「丁寧に、きれいにまとめよ」と言われているからと、時間をかけて「丁寧に、きれいに」などと考えて取り組んでいると、「まだなのか！」「仕事が遅い！」と思われてしまいます。

そのようなときには、多少雑であろうと手書きのメモであろうと、「すぐに」対応することが大事。この場合、上司の「急いで、すぐに」という言葉に反応して、手際よく要領よく対応することが「ツボ」を押さえた、いわば「仕事の基本」だということです。

あるいは、商談に出かけるときには、相手先の情報を事前に調べ、商談以外のことも頭に入れていく。

商談だから、その用件のことだけを話せば済むというわけにはいきません。むしろ、商談の前はたいてい雑談から入ります。そのとき、その会社が以前とは違って最近経営が持ち直し、V字回復し始めて成長軌道に乗っているのに、社長に「ご苦労されていますね」などと言ってしまえば、その瞬間に商談は不成立となる可能性があります。

「いやあ、すごいですね、このところのご発展。さすが社長の経営力。勉強させてください」などと言うところでしょう。

事前の情報確認、先回りの機転という「ツボ」を外したために、うまくいくものもいかない。「仕事の基本」を知らないと、とんでもないことになるのです。

いかに、仕事をしていくときに「ツボを押さえること」「仕事の基本を押さえること」が大切か、おわかりになると思います。

人間関係でも同じで、なにを言ってもいい親友でも、いや、そのような親友だからこそ、絶対に言うべきではない「ツボ」「友情の基本」というものがあります。

それは、「親友の人格を否定すること」「相手の心のなかに土足で踏み込むようなこと」をしてはいけないということです。

要は、何事においても「ツボ」「基本の基本」は、心得ておく必要があるのです。

あなたが、懸命に努力しているのに、でも思ったほど成果が上がらない、評価されないとするならば、実にもったいないことであり、実に気の毒なことだと思います。

あなたのその一生懸命さが、努力が、汗が、無駄にならず報われるようにするには、仕事においてどのようなことを心掛けたらいいのか、どういうことに気をつけたらいいのでしょうか。

本書は、「経営の神様」とよばれた松下幸之助さん（松下電器産業株式会社《現・

Panasonic》創業者）のそばで23年間、直接仕えて感じたこと、さらにはＰＨＰ総合研究所の経営者として思い、考えたこと、そして参議院議員として1期6年間務めるなかで改めて大事だと再認識したことを、22項目厳選して書き記しました。

これまでの実践を振り返りながら、経験的に感じ、実行し、効果のあった、「ツボを押さえた仕事の仕方」です。

あなたとともに、あなたのその一生懸命さ、努力、汗が正当に評価されるように、「仕事の基本」を考え、お伝えしてみたいと思います。

さあ、それでは始めましょう！

２０１８年3月

枚方《ひらかた》・東香里にて　江口克彦

働き始めた君に伝えたい「仕事の基本」　もくじ

はじめに……1

1　「楽屋」から「舞台」へ出る。……10
2　単純な仕事を大事にする。……20
3　プラスアルファの仕事をする。……28
4　迅速・正確・丁寧である。……36
5　挨拶をする。……46
6　「できない」と言わない。……54
7　目で話を聞く。……66

8 「メモ力」をつける。……74
9 「かくれんぼう」を大事にする。……86
10 能力は、ほどほどでいい。……96
11 誠実である。……108
12 すぐに反応する。……120
13 「同じ話を聞く力」を持つ。……132
14 ため口で話をしない。……140
15 上司の先回りをする。……148
16 目標を立てる。……160
17 信念を持つ。……170
18 真似て、学んで、独自をつくる。……184
19 昨日の自分と比較する。……196

20 失敗することはない。……206
21 要領よく、仕事をする。……216
22 「人間大事」から、考える。……228
おわりに……236

装幀・本文デザイン／長坂勇司
組版／一企画
企画協力／ランカクリエイティブパートナーズ株式会社

働き始めた君に伝えたい「仕事の基本」

1

「楽屋」から「舞台」へ出る。

◎最初からうまくいかないのは「当たり前」

就職が決まる。

おそらく誰でもそうでしょうが、「よかった」「よし、頑張ろう」「会社でおおいに活躍しよう」などと考えます。

中には、「会社を、さらに発展させるために大暴れしてやろう」などと思う人もいるかもしれません。あるいは、「私は将来この会社の社長を目指してやろう」という人もいるでしょう。

たいへん結構なことで、ぜひ、おおいに頑張ってほしいと思います。入社1年目の人たちは、それくらいの意気込みを持っていたほうがいいでしょう。

とにかく、新しい世界に入る。その期待と意気込みは、強弱の違いこそあれ、それぞれの人たちが共通に持っていることではないかと思います。

しかし、それほどの思い、意気込みで入社したものの、やがて自分の思い通りにならない。させてくれない。どうも今までとは違う。今までのやり方、今までうまくいっていた振る舞い、行動が評価されないどころか、先輩や上司から厳しく注意される。

やがて、この会社の雰囲気がどうも自分には合わないと感じ始める。配属された職場で疎外感《そがいかん》を味わい、なにかだんだんやる気がなくなってくる。

そうなると、職場の人たち、上司や先輩とどう接していいのか、人間関係をどうすればいいのか、などと悩み始める人もいます。いっそのこと会社を辞めてしまおうか、転職しようか……などと思い始める。中には実際に退職する人も出てきます。

しかし、考えてみてください。その悩みは当たり前のことです。

新卒や定期採用の人たちは、今までずっと「楽屋《がくや》」で過ごしていたようなものだからです。

たとえば、約束の時間に遅れても、それどころか約束そのものを忘れてもなんとなく許される。

あるいはお金の貸し借りでさえ、借りた額より少しぐらい少なく返したとしても、友達同士であれば、「まったく困ったヤツだ」と言われながら、それで済むこともあるでしょう。

もちろん、楽屋であっても、長幼《ちょうよう》の序《じょ》とか楽屋なりのケジメはあります。ありますが、一言で言えば「アバウトな世界」と言えるでしょう。

「楽屋」とは、高座《こうざ》や劇場など、演者や出演者のための控室です。「楽屋」という言葉からおわかりのように、もともとは楽器を保管する場所であったり、舞楽《ぶがく》の演奏を舞台と仕切った幕の後ろの演奏していた場所のことです。

その場所が、やがて演者や出演者の着替えやら化粧をする場所、自分の出番を待つ場所、いわゆる控室ということになったようです。

今でも落語家は、自分が高座に上がる時間に合わせて来ますから、一つの大きめの控室に入れ替わり立ち替わり楽屋入りをします。当然、師匠も数人が顔を合わせますから、しばし雑談しますし、それぞれの付き人もお互いに雑談したりする。

「舞台」では言えないような話、内内《うちうち》の話などをする。取り立てて格式ばったこともなく、先輩後輩のケジメはあっても、そこはざっくばらんな会話。そのような仲間内の会話をするところが「楽屋」なのです。

◎「プロの世界」に入るのが「仕事に就く」ということ

落語に限らず、控室や楽屋は「楽屋なりの厳しさ」もありますが、それなりに自由気ままに過ごせる場と言えるでしょう。

そのような仲間同士、身内同士で過ごしてきた「楽屋」という、「アバウトな世界」「緩やかな世界」から社会に出て働き始めるということは、それは、まさに「厳格な世界」「精密な世界」の「舞台」に出ていくということです。いわば「規律の世界」に飛び込むということです。

言葉を換えれば、**「稼がず、お金をもらって過ごすアマチュアの世界」から「稼いで、おカネを受け取って仕事をするプロの世界」に入ること**だとも言えます。

これまで「楽屋」での生活が10数年、あるいは20数年続いていたのですからやむを得ないとは思いますが、「楽屋」で通用したモノサシや考え方のまま「舞台」で振る舞えば、どうなるか。

あなたは、雑談をしたりしてなんとなく楽しんでいた楽屋から、約束事は守らなければいけない、時間に遅れたり間違えることは一秒も許されない、演じるべきことを演じないことなどは絶対に許されない「舞台」に出たのです。考え方の違いに戸惑ったとしても、当たり前のことでしょう。

◎これまでとは違う「厳しい」考え方が求められる

ですから、「どうして自分の考えは通用しないのか」「私は一生懸命、仕事に取り組んでいるのになんとなく周囲としっくりいかない」と悩んだとしても、気にする必要はありません。むしろ、その悩み、迷いこそ健全なのです。

悩みつつ、

「ああ、舞台ではこういう約束事があるのか。約束はしっかり守らなければならないんだ」、「楽屋で気楽に振る舞い、気を抜いて面白おかしく過ごしていたけど、舞台では端役《はやく》で観客によく見えない役であっても、しっかりと演じなければならないのか」、「こういう小さな演技の積み重ねが大事なんだ」

というように前向きにとらえ、「楽屋」と「舞台」の違い、言い換えると「アバウトな世界」と「規律の世界」の違いを「知る努力」をすれば、真剣に考えることはあっても深刻にはならないはずです。

ストレスになったり、鬱《うつ》になることもなくなるでしょう。

かなり以前の話ですが、ある新入社員が寝坊して入社式に遅れたという理由で、「出社に及ばず」と即刻人事担当者から言われ、問題になったことがありました。

多くの会社では、入社して3か月ほどの試用期間を設けています。そして、この試用期間中は、通常より、かなり企業の裁量で解雇が認められています。

もちろん、試用期間の趣旨や目的に照らして、客観的に合理的な理由があり、かつ社会通念上妥当とされる場合しか解雇できませんから、果たして、入社式に遅刻したことで入社取り消しをする、解雇するということができるのか。


その結果は、どのようになったのか、知る由もありませんが、会社としては、入社式というような大事なときに遅刻する。まして、寝坊して遅れたなどということは、社会人として許されるものではないということです。

そのような気構えであれば、入社しても真剣に仕事に取り組まないだろう、約束を守らないだろう、その時々の仕事の重要性を理解することができないだろう、と考えたであろうことは理解できます。

あなたが、どのようにお考えになるかわかりませんが、会社という、あるいは社会という「舞台」は、それほどの峻厳《しゅんげん》さがあることは知っておいてください。

ある友人の銀行マンが、入社して数年で顧客担当の営業になりました。個人のお客様の家を回って普通預金を定期預金に預け替えるようにお願いしたり、新しい商品を勧誘する。そのような仕事。

毎日毎日、彼は、誠実に勤務していましたが、あるとき学校帰りの我が子を見つけ、自宅まで営業車に乗せていきました。ところが、これが、どのようなことで発覚したのかわかりませんが上司の知るところとなり、厳しい叱責とともに1か月、給料の5％を減額されたことがあります。

厳しいと言えば厳しいですが、お金が商品の銀行では、そのようなことは絶対に許されないということでしょう。

会社の事務用品を自宅に持ち帰るような人がいます。コピー用紙、ボールペン、消しゴムなど、そのまま自分で私用として使えば、厳密に言えば窃盗罪になる可能性があります。こうした備品は、会社が仕事をしてもらうために購入したものですから、私用で使うことを許可しているのではないからです。

こういうことも、他人の化粧道具を軽い気持ちで使ったりしても許された「楽屋」とは、まったく異なるということです。

◎プロとしての区別、ケジメをつける

とにもかくにも、就職すること、社会人になることは、「楽屋」から「舞台」に出ることであるという、しっかりした「意識の区別」をすることが大事です。

以前、ある売れっ子のアイドルタレントが、

「なにがつらいかと言えば、楽屋で高熱で寝込んでいても、身動きできないほどに疲れていても、いったん舞台に出ると出ない笑顔を必死で出さなければならないことです。とても笑顔などつくれないようなときも、舞台に立っている間は、そのようなそぶりをまったく見せてはいけないんです」

と言っていました。若い女の子ながら、「楽屋と舞台の違い」をよくわきまえているものだと感心したことがあります。

もちろん、風邪で高熱を出していたり、連日連夜の仕事で疲労困憊《こんぱい》していても出社すべきである、などと言っているのではありません。

そのようなときは、当然のことながら上司に連絡し、むしろ十分に休養を取るべきです。ただ、売れっ子のタレントとしては、そうせざるを得なかったのでしょう。

とは言え、さすがプロ。若いタレントでも、しっかりと「楽屋」と「舞台」のケジメをつけている。

あなたが社会人のスタートに立ち、走り始めたのであれば、そして、これから「仕事の達人」を目指し、「社内の階段」を一段一段上っていこうとするのであれば、まずは、この**「楽屋」から「舞台」に立ったのだという区切りをはっきりと自覚する**ことです。

いつまでも「楽屋気分」では「舞台」はつとまりません。意識の切り替えが非常に重要です。

あなたは今、舞台に立っているのです。

端役であれ、セリフなしの役であれ、あなたは俳優であり、女優であるのです。**舞台人としてのケジメをつけて、堂々と、しかし謙虚に、素直な心でしっかりと、まず与えられた役を完璧に果たしていく**ことを、心の中で誓い実践していきましょう。

多くの人たちが、両手を広げてあなたを迎えてくれるでしょう。そうして、あなたの「仕事の達人」への道が始まるのです。ゆっくりと、しかし、しっかりと歩き始めてください。

2

単純な仕事を大事にする。

◎あなたの将来を決めるのは、最初の単純な仕事である

単純な仕事、簡単と思われる仕事こそ大事にする。

これは誰でも心掛けなければならないことですが、とくに社会人1年目の人たちは頭の中にしっかりと入れてほしいと思います。

たいていの場合、最初に与えられる仕事は単純なものが多いはずです。それが普通です。なぜならば、会社としての仕事は99点ではダメなのです。一人ひとりの仕事が100点でないといけないのです。

一人ひとりの100点の仕事が集まってはじめて、会社は全体として機能し、発展することができるのです。

相撲なら8勝7敗で次の場所は上位に上がれますが、機械であれば100の部品の中に1点でも不良や不具合があれば動きません。同じように会社でも、一人でもその仕事が99点であれば、1点の不足で致命的な傷を負うこともあります。

ですから上司は新入社員に、まずは単純で簡単な仕事を与えるのです。

失敗したら困るということもありますが、失敗して将来に悪い影響を与えないように、

との配慮もあります。そのため、単純で「なんだこんなこと」と思うような仕事を与えるわけです。

しかも、毎日同じか同じような仕事。いくら、仕事とわかっていても、「もう勘弁してよ」と思うかもしれません。

そう思うのは当然ですが、そこで気を緩めず、与えられた単純な仕事にしっかり取り組んでいくことが肝要なのです。

そういう単純なこと、しかし「仕事の基本」と言えるような仕事を最初に体に浸み込ませ、血肉にすることができるかどうか。実はこれが、あなたの将来を決めてしまうと言っても過言ではないのです。

◎小さい仕事の積み重ねが、仕事の達人への第一歩

3か月ほどの研修期間を終えて、たとえば秘書課に配属になったとします。あなたは、「さあ、やってやろう」と意気込むでしょう。

しかし、ちょうどお中元の時期であれば、たくさんのお中元が社長あてに、あるいは会社宛てに送られてきているはずです。おそらく社会人1年目のうちは、その送り主の名簿づくりと中身の確認、そしてそれを並べるという単純な仕事を指示されると思います。

えっ？　秘書課でしょう。電話の取次ぎとか経営幹部の日程調整とか、あるいは役員のお供をして出張したりするんじゃないの？

どうして、お中元確認の仕事なの？　こんな単純な仕事、なんでやらなきゃならないの？と心の中で不満をつぶやくかもしれません。

しかし、もし電話の取次ぎだとか、日程調整とか、役員のお供などを最初から指示されたとして、あなたはできるのでしょうか、配属されたばかりで対応できるのかと言えば、おそらく不可能でしょう。

社長や経営幹部の人脈、あるいは訪問先の相手の様子、状況も十分把握していないにもかかわらず、そのような仕事を100点満点でやり遂げることはできないと思います。

ですから、最初は、単純と言えば単純、簡単と言えば簡単な仕事の指示となるのです。

その作業によって、その仕事を通して、社長や経営幹部の人脈もわかりますし、送り主がどのように考えているのか、どのような人なのかも、おおよそながら理解していくことができます。

そのようなことを覚えてもらうための指示なのです。つまり、**その単純な仕事には意味があるのです。**

あなたが営業部に配属になったとすれば、上司からの指示は、おそらく伝票の仕分けや、取引先からの注文書の整理、書類の整理、コピーの仕事、使い走りなどでしょう。なんだ、面白くない。毎日、コピーをさせられ、上司の使い走り。雑用係じゃないかと、不満を心に抱くかもしれません。

しかし、そのようなことが、「仕事の基本」ということなのです。

「なんだ、こんな仕事」と思う仕事をキッチリとやり遂げる。「なんだ、こんな単純な作業を」と思う仕事を正確に迅速に仕上げる。そういうことが大切だということです。

なぜならば、**大きな仕事も、そうした単純な、一見小さく見えるような、あるいは雑用かと思うような仕事を土台にして成り立っている**からです。

そうです、その単純な仕事が、実は機械でいう「小さいけれども必要な部品」。あなたが小さいと思う仕事によって、会社全体が維持されているのです。

単純な仕事をキッチリと誠実に仕上げていく。その積み重ねによって、次のより大きな仕事を100点満点で処理していくことができるのです。

どのような小さな仕事も、どのような雑用の仕事も、誠実にしっかりと対応し取り組んでいくことが「仕事の達人」への第一歩になるのです。

◎とてつもなく大きな仕事は、小さな仕事から始まる

以前、広島城のお堀《ほり》の遊覧船に乗ったことがあります。間近でお城の石垣を見ることができました。

どこのお城もだいたい同じだと思いますが、その石垣には、大きな石もあれば、小さな石もありました。そして拳《こぶし》ほどの小さな石もいたるところにはめ込まれている。あの堅硬《けんこう》で美しい雄大なお城の石垣も、大小さまざまな石の組み合わせによってできているのです。だから、どの石も大事なのです。

最初から大きな仕事を期待して取り組むのは、極めて危険です。

「エベレストに登りたい」――で、すぐに登ることができるか。そんなことはできないでしょう。

頂上にたどり着くためには、エベレストの気候や天候、そしてなによりも、長い時間をかけた事前のトレーニング、国内の山々の試登、食事の準備、道具の点検、周囲の助言な

どが必要です。

大きい仕事は小さい仕事の集合体です。一気に大きな仕事はできません。

一見、些細な、平凡な、単純な、簡単な仕事の集積なのです。

完璧な小さな仕事が集まって、あるいは、小さな単純な仕事が集まって、大きな仕事の土台になるのです。その土台がしっかり造られていればいるほど、その上に立派な家を建てることができるのです。

ですから、あなたが取り組んでいる仕事が、あなたの期待にそわない仕事であっても全力を挙げて取り組むことが大事なのです。

そのことによって、あなたは将来、とてつもなく大きい家を建てることができる。とてつもなく大きい仕事に取り組み、成功することができると思います。

毎日が単純、毎日が平凡。

こんな仕事をするために、この会社に入ったのではないと不満に思う前に、いずれ大きな仕事を成功させるためにも、今のつまらないと思う仕事こそ、大切に、誠実に成し遂げていくべきです。

コピーを頼まれたら、そのコピーの仕事に誠実に取り組む。伝票の仕分けを指示されたら、単純だと軽く考えず丁寧に取り組む。送られてきたお中元、お歳暮の名簿をつくれと指示されたら、確実かつ正確につくる。

単純な仕事、一見つまらないと思われる仕事を大切にする。

これは、なにも社会人1年目の人に限っての話ではなく、中堅からベテランの人たちにも当てはまります。

その思い、そのあなたの誠実な取り組みが、周囲から認められ、評価され、上司に安心感を与えます。そして、次に責任の重い仕事、より大きな仕事を担当させてもらえるようになるのです。

そういう真摯な仕事への取り組みが、あなたを「仕事の達人」にする出発点です。そして、それが「仕事の基本」だということを、しっかりと心にとどめておいてほしい。そのように願います。

3

プラスアルファの仕事をする。

◎ありふれた仕事を「面白く」するには

与えられた仕事。指示された仕事。その仕事を、言われた通りに指定されたやり方で取り組む。

当然、大事なことです。しっかりと実行していかなければなりません。

とはいえ、毎日、毎回、その通りのやり方で、同じ時間をかけて仕事に取り組むだけでは能のない話です。やはり取り組んでいく過程の中で、毎日の工夫が求められます。

同じ仕事、同じ作業だから、上司から言われたからと、いつまでも同じやり方、同じ取り組み方で行うのではなく、あなたなりの工夫を付け加えることを心掛けてほしいのです。

もちろん、「同じやり方で、間違いなく」という進め方も、いいとは思います。

しかしそれだけではなく、昨日のやり方とは違った、もっと効率のいい、あるいは、より美しく仕上がる方法を考える。

上司から教えられた取り組み方ではなく、それ以上の、自分なりに改善改良した工夫をしてみる。

そうすることが、仕事を一層面白く楽しくするのです。

上司が1日でやってくれと言った仕事を、半日で、しかも指示された以上の成果を出し、指示された以上に美しい体裁《ていさい》にして仕上げる。

そのために、昨日とは違うやり方、もっといいやり方はないかと考え工夫する。それがあなたをやがて「仕事の達人」にし、また「会社になくてはならない人材」にするのです。

◎工夫を加えて「自分の仕事」にするだけで、面白くなる

「与えられた仕事」は結局、「やる気の喪失《そうしつ》」につながっていきます。「自分がない仕事」ほど、つまらない仕事はありません。

たとえ、「舞台」で演技をしていても、毎日、昨日と同じ演技＝同じ仕事をするのでは、面白くないというより、知恵のない話ではないでしょうか。

以前、舞台の大物女優が、

「毎日同じ役ですが、毎日、違った演技をするよう心がけています。もちろん、観客の皆さんはお気づきにならないと思いますが、セリフ、所作《しょさ》など、毎日、工夫をしています」

と言っていたのが印象的でした。

やはりこのような大物女優になると、そうなのかと感心しましたが、あなたもこうした

工夫を、いわゆる**「プラスアルファ（＋α）の仕事」をして、同じ単純な仕事でも、平凡な仕事でも、「自分の仕事」にしていくことが大事**だと思います。

「プラスアルファの仕事」をすれば、「与えられた仕事」が「自分の仕事」になります。「与えられた仕事」は、必ずつまらなくなるものですが、「自分の仕事」となれば、これほど楽しいことはありません。

与えられた仕事に、自分の工夫を加える。

プラスアルファで、自分なりの仕事の仕方を考え、上司に言われた以上の成果を出していく。これは、将来あなたが「社内の階段」を上がっていくときに、そしてなにより「人生の階段」を上がっていくときに気づくと思いますが、極めて重要なことです。

なぜなら、あなたがその上司から教えられた通りのやり方、指示された通りのやり方で、指示された通りの成果を出し続けていくとすれば、いつまでたってもその上司を追い抜くことはできません。いつまでたっても、その上司のレベル以下です。

しかし、上司から、ある仕事を任され、その上司の期待以上の仕事をして上司が期待した以上の結果を出したらどうでしょう。

あるいは、表をつくってくれと言われたら、パソコンで一目で全体傾向がわかるグラフもつくって添える。

来週木曜日までに資料作成を、と言われたら、火曜日には作成して提出する。

この人たちの電話番号を調べて、こういうことを伝えてくれと言われたら、相手の反応を口頭で報告するだけでなく、一覧表にして報告する。


すべて「プラスアルファの仕事」。すべて指示された以上の「充実した仕事」です。

このような「仕事の基本」を血肉にしていくことが、「一段上の仕事」に取り組むことになっていきます。あるいは、同期よりはるかに上の段まで上がっている、ときに上司を追い抜いている、ということになるのです。

◎「プラスアルファの仕事」には魔法がある

ここで、ふと思い出しました。

以前、ある放送局の女性新人アナウンサーに与えられた仕事が、ラジオの時報と天気予報をお知らせするというだけの仕事でした。来る日も来る日も、それればかり。彼女は言われるままに、時報と天気予報を繰り返す毎日です。

しばらくすると、毎日が単純で面白くない。こんな仕事をしたくて放送局に入ったんじゃない。フツフツと不満が募るばかりでした。

当然、周囲の人も、笑顔一つない、ふてくされているような彼女に声をかけることもしない。職場の人間関係も悪化するばかり。ますます彼女は面白くないから、もう辞めようかと思うようになります。

そう思っていると、ふとあるとき、「ちょっと待てよ」と思ったと言います。

考えてみれば、一日24時間、１４４０分、一年で52万５６００分。なんと自分はそれだけの時間、イヤだイヤだと不満をもって仕事をしている、過ごしている――。

こんな馬鹿馬鹿しい生き方をしていていいのだろうか、と。

そこで考えたのが、時報を告げるそのとき、わずか数秒だけど時間がある。その時間になにか工夫はできないか。なにか自分を出せないか。それこそプラスアルファはないかを考えました。

浮かんだのが、時報を告げるほんの一瞬で、「先ほど、東京は雷《かみなり》が鳴っていました」とか、「日比谷公園は美しい若葉で包まれていました」というような一言を入れることでした。

「雷が鳴っていた」ということでラジオを聴いている人たちは、「ああ、東京は梅雨が明けるのか」と思う。「若葉」の一言で「新緑の薫風《くんぷう》の季節」を感じる。

そうなると、次はなにを言おうかという思いで考えるようになります。周囲を見渡します。今まで気にしていなかったことや、人々の動きを見つめるようになる。

そして、まるで俳句をつくるように、その「一言さがし」に熱中する。熱中して、時報の前に一瞬の一言を話す。すると仕事が途端に面白くなったのです。

時報と天気予報が、「与えられた仕事」から「自分の仕事」になったのです。

自分の仕事だから、楽しくてしょうがない。声の調子も明るくなる。視聴者からの反応も俄然《がぜん》よくなる。態度も元気になる。明るくなる。

すると、同僚や上司からも好意的に接せられるようになる。ついに彼女はテレビに異動し、MC（司会進行役）に抜擢された、という話を聞いたことがあります。本人から直接の話ではありませんが、大筋はそんな内容でした。

彼女は明らかに、「与えられた役」を「自分の役」に、すなわち「与えられた仕事」を「自分の仕事」にしたのです。**「与えられた仕事を自分の仕事」にすること。これが、「仕事の基本」**なのです。

仕事を、自分の仕事にするために、とにもかくにも「プラスアルファの仕事」を心掛ける。

「つまらないと思う仕事」を「面白い仕事」に変える。その魔法の方法が「プラスアルファの仕事」をすることだということは、覚えておいてよいのではないかと思います。

4

迅速、正確、丁寧である。

◎「正確、丁寧。でも間に合わない」は0点

上司から仕事の指示を受け、いつまでに仕上げるようにと言われる。あるいは今週中に結果を報告してくれ、などと告げられることがあります。

そこであなたは、「よし、できるだけ正確で丁寧な報告書にしよう」と仕事に取り組むでしょう。「正確に、正確に」という言葉が頭の中を駆け巡り、「丁寧に、丁寧に」という言葉が心をよぎります。まさに全力を挙げてその仕事を進めるでしょう。

しかし、「正確に、丁寧に」と思うから時間がかかる。一生懸命、誠実に取り組んではいるものの、一生懸命になればなるほど時間が刻々と過ぎていきます。結局、上司から言われた期限を超えてしまった。けれど、〝わずか〟2～3日の遅れ。

「よし、これでいい。納得の報告書になった。上司も喜んでくれるだろう」と意気揚々と上司に報告に行くと、「もう、キミの報告はいらん。オレがやって処理しておいたから。いや、もう席に戻ってくれ」。

え？　きっと評価してくれる結果をもってきているのに、もういらないとはなにごとだ

と、不満を持ち、さらにはがっかりするかもしれません。

しかし、もしそんな結果になったとしたら、上司ではなく自分自身を責めなくてはいけません。

「舞台」では、時間厳守は絶対です。

当然でしょう。端役であろうと新人であろうと、舞台の袖から中央に出る瞬時を外してしまえば、それが1秒であっても、その舞台の流れを崩し、場合によっては舞台全体をダメにすることもあるからです。

◎決められた期限は必ず守る

あなたが、「わずか」と思った、その2〜3日が、仕事の流れを止めてしまう。結果を出せなくなる。場合によっては大きな商談を逃がしてしまうということにもなるのです。

「わずかの遅れが会社を潰す」「あなたの仕事の遅れが会社を倒産させる」。大げさかもしれませんが、「舞台」においてはそういうものです。

決められた時限、決められた期限は絶対に守らなければならない。それが組織で活動する者の役目です。

アクシデントが発生し、時間を厳守できない、あるいはどうも指示された以上に時間がかかるということもあるでしょう。

そのときには上司に、なぜ間に合わないか、なぜできないのかを迅速《じんそく》に報告します。なるべく早く連絡する必要があります。それがわかれば、上司もすぐに対応することができます。

◎「自分で決めた期限」にすると達成感が倍増する

仕事を正確に、丁寧にと心掛けるだけではいけないということです。少なくとも指示された期限内に仕上げて報告する。これが大事です。できれば、その期限より早く仕上げて報告する。

これを心掛けます。

それによって、「与えられた期限」ではなく「自分で決めた期限」となり、あなたの「仕事達成感」が倍増します。それだけでなく、上司も「もうできたのか」「もうやってくれたのか」と笑顔になって、あなたの報告を聞いてくれるでしょう。

もちろん、そこで上司がダメ出しをすることもありますが、上司が指示した期限より早いのですから、最終期限までに修正も補正もすることができます。

仕事は「正確に、丁寧に」だけでなく、「迅速に」進めることが大事。**仕事の基本の一つは、「迅速に、正確に、丁寧に」**だということです。時間をかけたら

丁寧というのは錯覚。時間をかけたから正確というのは誤解であると、心にとどめておく必要があると思います。

◎「時間をかけずに丁寧」がワンランク上の仕事

このことは、たとえば、ベテランの陶芸家と見習いを考えてみればすぐに理解できるでしょう。ベテランの陶芸家は土を練り、轆轤《ろくろ》を回し、ひねる。小一時間で壺なり皿なりをつくる。

もちろん、それに絵付けなり釉薬《ゆうやく》をかけたりしますから、もう少し時間がかかりますが、少なくともその原型の壺なり皿なりは、おそらく瞬《また》く間につくることができるでしょう。

しかし、見習いとなると、そうはいきません。悪戦苦闘し、1時間も2時間もかかって、ようやく壺や皿らしきものができる。それと同じです。

時間をかけたから、いいものができる。いい仕事ができるというものではないということ。見習い陶芸家の「正確に、丁寧に」の心意気はよいとしても、それではなかなか一人

前の陶工、陶芸家にはなれないでしょう。

やはり「迅速に、正確に、丁寧に」を心掛け、期限、時限は絶対に守る。その心掛けこそ「仕事の達人」への道なのです。

松下電器の創業者である松下幸之助さんが、行きつけの理髪店に散髪に行ったときのこと。

そのとき、たまたま来客が少なかったそうで、散髪が終わるといつもの担当者が、「今日はお客様が少なく、その分、時間をかけて丁寧に散髪させていただくことができました」と店の帰り際に話しかけました。

すると、理髪店を出かかった松下さんが足を止め、担当者に、

「ありがとう。けどね。本当の仕事は時間を短縮してなお丁寧にきっちりやることですよ。だからね、今日はいつもより時間をかけずに、いつもより丁寧にさせていただきましたというのが本当の仕事、本当のサービスというものです」

と笑いながら話をして、帰っていきました。

担当者はいたく恐縮しながら、「大変、勉強になりました。これからはそのように心掛けて仕事に取り組んでいきます」と応えたということです。

この話もまた、仕事は「正確、丁寧」だけではいけない。加えて「迅速」でなければ、本当の仕事ではないというエピソードではないかと思います。

◎迅速に進めると、日々を軽々と過ごせる

仕事を「迅速に、正確に、丁寧に」と心掛けると、「仕事の達人」になるだけでなく、なにより、ストレスが溜《た》まることなく日々を軽々と過ごすことができるようにもなります。なぜなら、次々に「迅速に」処理していけば、仕事が溜まったり業務処理が滞《とどこお》るようなことは、ほとんどなくなるからです。

仮に「期限は1週間」となれば、その間に他の仕事もあるでしょうから重なってしまいます。二つの仕事を、どう処理しようかと立ち往生。ついには、混乱してどちらもうまくいかなくなる。

そんなことが積もり積もってストレスが溜まっていくと、場合によっては、鬱《うつ》になるなどということもあり得ます。

しかし、1週間でやってくれと言われた仕事を4日間で仕上げてしまえば、3日間の時間ができます。次の仕事を、その3日間で仕上げるべく取り組む。

そうなれば、次から次へと軽々と、というと言い過ぎですが、あまり負担を感じずに仕事に取り組んでいけるでしょう。とにもかくにも「仕事の迅速な処理」が大事なのです。

◎複数の仕事を進める際の「三つのJ」

ところで、仕事と言っても、一つずつ仕事に指示が来るということはありません。もちろん、立場によって仕事量も異なりますが、入社して間もない方であれば、上司からの指示は多くても四つか五つぐらいでしょう。

もちろん難しい仕事、易しい仕事、さまざまでしょうが、複数の仕事を巧みにこなしていくためには、つねに、

「順番（Junban）」、
「時間（Jikan）」、
「充実（Jujitsu）」

の**「三つのJ」**を考えながら、臨機応変に対応していくことがコツのように思います。

頭の中で「処理の優先性」を考えて、どの仕事に最初に取り組み、次はどの仕事を処理していくかと、取りかかる仕事の「順番」を決めます。

決めたら、それぞれの処理にかける「時間」を決める。

そして、それぞれの仕事をいかに「充実」させるか、すなわち正確、丁寧に仕上げるかを考えるわけです。

そうやって処理していっても、次々に新しい仕事を指示されるでしょう。

そうしたら、改めて、「三つのJ」を前提に、新しい仕事を何番目に入れるか、あるいは重要ではないけれども、すぐに処理できると思うなら、今取り組んでいる最優先の仕事を一度置いて、すぐに処理できる「軽い仕事」を先に処理するといった判断をしていきます。

◎「仕事の数」を減らすことを考える

要は、自分が持っている「仕事数」を減らすことを考えるべきなのです。一つでも減れば、それだけ気持ちが楽になるものです。

すぐできるけれども最後に来た仕事だから最後にやろう、などと指示された順に仕事をしていくのは効率も、精神衛生上もよくありません。

つねに「仕事数」を減らすことを心掛ける。これが「仕事の達人」の仕事のやり方というものです。

また、「三つのＪ」を考えていると、これは、効率のいい進め方を誰に聞けばいいか、これは誰の協力を得ればいいか、これは誰の知恵を借りればいいか、ということが浮かんでくるものです。

期限、時限を考えながら、他人の力、知恵を借りるようにする。それだけでなく、いろいろと周囲に協力をお願いする。そうすることで、先輩たちは「オレを頼りにしてくれてるな」とか、「私の優秀さがわかってるじゃない」などと内心満足して、大いに協力してくれるものです。

最初に戻りますが、時間をかけて正確、丁寧なだけでは評価されません。周りの先輩から「アイツ、なかなかやるなあ」、そして上司から「できる部下」と評価されるのは、「迅速、正確、丁寧」の三拍子がそろったときだということは、知っておいたほうがいいと思います。

挨拶をする。

5

◎挨拶は、気持ちがよくなる「魔法の言葉」

挨拶《あいさつ》をすることは当たり前。そう思っている人が多いと思います。

しかし、このごろはあまり挨拶をしません。とりわけ若者にしない人が多いと言われているようです。

おそらく、SNSのやり取りでいちいち挨拶をすることもなく、「今日、ヒマ?」「アイツのやってること、まじ草生えるわ」「おまえ、それイミフ」とLINEなどで会話(?)していますから、実際に顔を合わせても挨拶をしなくなったのかもしれません。

しかし、それでいて「オレに挨拶しなかった」と、20代の男が後輩を殴って怪我《けが》をさせ、暴行罪容疑で捕まったというようなニュースを聞くと、実際は知らないのではなく、知っていてもあえて挨拶をしないのではないかと思ってしまいます。

そのような若者は放っておくとして、少なくとも**仕事で成果を出し、社内の階段を着実に上っていこうという志を持っているのなら、挨拶を大事にすることを心掛ける必要があります。**

挨拶は、あなたにとって「魔法の言葉」なのです。

挨拶は、もともと禅の用語です。

禅問答するときのやり取りを「一挨一拶《いちあいいっさつ》」と言うそうですが、その言葉が、日常用語になったとのことです。

「挨」という字は「押す」、「拶」は「迫る」という意味。ですから、お互いに「押し合う」「問えば答え、答えれば問う」ということになるのでしょうか。とにかく問答して禅の悟りを表現するということのようです。


要は、相手と丁丁発止《ちょうちょうはっし》の問答をすることが、一挨一拶。挨拶。ですから、なにも言わない応じないのでは挨拶になりません。あるいは一人だけでは挨拶にならないのです。「おはようございます」と言えば、「おはようございます」と返ってくる。「こんにちは」と言えば、「こんにちは」と応じてくる。これで挨拶が成り立つのです。

「おはようございます」と言っても、相手が黙って横を向いていれば挨拶は成立していないことになります。

成立しないだけでなく、お互いの心が重くなり、重い空気に包まれます。

「挨拶もできないのか。いやなヤツ」と思い、「私は彼にはもう挨拶しないようにしよう」

と心の中で呟《つぶや》く。

やがて挨拶をしない人は、次第に孤立していきます。

日常における挨拶は、実に重宝な「魔法の言葉」だと思います。

「おはようございます」「こんにちは」「こんばんは」などの言葉は、「自分は温かい心を持っていますよ」「思いやりの心を持っていますよ」「愛の心を持っていますよ」ということを、簡単に表現できる言葉であり、お互いの人間関係を良好にしていくことができるからです。

「さようなら」「ありがとうございます」「すみません」「はい」なども同じです。

◎たった一言で、簡単に思いやりの心を表せる

挨拶は、また、「愛札《あいさつ》」とも言えるでしょう。「愛のカード」を渡し合うのが挨拶だということです。

自分の心を開いて、自分の心の中を相手に見せることだと説明をする人もいますが、実際は自分の温かい心を一言で表現する「記号言葉」です。

「おはようございます」を丁寧に言うと、「あなたは随分と早くおいでになりましたね。

ご苦労さまです。おからだの調子はいかがですか。どうぞ、ご無理をされませんように」ということになります。

しかし、そのようなことを言い合っていたら、とてもお互いの動きが取れません。

それで、その内容を一言の「記号言葉」で、「おはよう」、あるいは「おはようございます」で済ませるわけです。

ずいぶん簡単で便利ではありませんか。「相手を思いやる心」を、長々しく言い合わなくても済むのです。

お互いに挨拶を交わせば、お互いの温かい心、愛の心がわかりますから、お互いにいい気分になるのです。**「愛のカード」を交換し合うから、心地よく感じるのです。その場も周囲も、軽やかに明るくなるのです。**

「こんにちは」も同じことです。

「こんにちわ」とは書きません。「こんにちは」です。

そうです。あとの文章が省略されているから「こんにちは」なのです。「今日は、いかがですか。ご気分はよろしいですか。おからだ十分にお気をつけください」と言うところを、冒頭の「こんにちは」だけで、あとの文言を省略している「記号言葉」です。

「こんばんは」も同じです。

「さようなら」も「さようなことでお先に失礼します。あとを、どうぞよろしくお願いします。くれぐれもご無理をされませんように」という意味の「記号言葉」。

ちなみに、「すみません」も自分の心の温かさを表現する「記号言葉」。「はい」という言葉も「今、言われましたことにつきましては、私、よく理解することができました」などと言わなくてもいいように使います。

繰り返しますが、挨拶の言葉は実に便利です。簡単に愛の心、思いやりの心を一言で言い表すお徳な「記号言葉」なのです。

言い合うだけで人間関係もよくなる、周囲も気分がよくなる、職場も明るくなる。ですから、この「記号言葉」を使わない手はありません。あなたのたった一言の挨拶が会社全体を活気づけ、会社を発展させるのです。

◎挨拶は人の心を明るくし、動かす

アメリカの片田舎の町の交差点で、一人のおじさんが、通り過ぎる車一台一台に、挨拶をしていました。

「おはよう」「こんにちは。気をつけてね」「やあ、こんばんは。大丈夫かい」などと声をかける。当然、誰も相手にしません。それどころか、道行く人たちも、彼はちょっとおかしいのではないかと囁《ささや》き合って通り過ぎる始末。

しかし、彼は、雨の日も風の日も、寒い日も暑い日も、交差点の角に立って挨拶をし続けました。

それが10年も経つ頃になると、多くの車がわざわざ窓を開けて、彼に挨拶を返すようになります。

「キミも、あいかわらずだな。ありがとよ」「ご苦労さんね。ええ大丈夫。気をつけて運転してるわ」などと、信号待ちのときは会話をするようになります。歩道を歩く人たちも、「やあ、ご苦労さん。キミのおかげで町が明るくなったよ」と声をかける。

それから3年後には、その道路の名前を、そのおじさんの名前にすることが、議会で決定されたと報道されたことがあります。

あなたも、そのニュースを見たことがあるかもしれませんが、このように一人の挨拶はたくさんの人の心に届き、その「愛のカード」は町中に撒《ま》かれ、町中を明るくしたのです。

挨拶は、まさに「魔法の言葉」。それほどの力を持っているということです。

あなたが、会社の中で、あるいは社会で挨拶をすれば、必ず好意を持たれ、自然に仲間ができ、「応援団」ができます。

挨拶。愛札《あいさつ》。「愛のカード」は、まさに「仕事の基本」です。忘れないで、大事に丁寧に「愛のカード」を配り続けてください。

6

「できない」と言わない。

◎できないと思うことも、案外できる

上司から指示が出る。その指示を見ると、かなり複雑で難しい。自分にはムリだ、できないと思うことがあるかもしれません。

そんなとき、上司のところに行って、「すみません。この仕事、私には難しいです。できそうもありませんので、お引き受けすることはできません」。そういう人がいます。

頼まれた仕事が、今まで取り組んだこともない上にレベルも高いものであれば、自分ではとてもできないと思うのは当たり前かもしれません。

そのまま引き受けて、結局できなかったとなれば、上司に迷惑をかける。できないことはできないと言っておくべきだという、その考えは、ある意味当然だと思います。

しかし、取り組んでみる前から「できない」。やってみる前から「ムリだ」と言うことが、あなたの成長にとっていいのかどうかです。

やってみもしないで「できない」という結論を出すようでは、いつまでたっても自分の能力を伸ばし、高めることは不可能ではないかと思います。

いつも自分で考えて、できる範囲でできることをやっていると、自分でも気づかない潜在能力を引き出すことができないのではないかということです。

人は誰でも「自分は自分の能力を知っている」「限界を知っている」と思いがちです。しかし、必ずしもそうとは言えません。**自分では気がついていない、持っていないと思い込んでいる能力を持っていた例を、経験上たくさん知っています。**

実際に、それに取り組んでみないとわからないということもあります。思い込みで、できないと考えていることを一度やってみる。すると案外、できてしまったということが、よくあるのです。

皆さんご存じの、織田信長の「桶狭間《おけはざま》の合戦」。まさに、やってみなければわからない。やってみたら、できないことができてしまった好例でしょう。

永禄《えいろく》3年（1560年）5月、今川義元《よしもと》はみずから3万とも4万ともいわれる大軍を率いて駿府《すんぷ》を発ち、尾張《おわり》を目指して進む。それを迎え撃つ織田勢は今川軍の10分の1の4000。多勢《たぜい》に無勢《ぶぜい》。さあ、どうするか。

清州《きよす》城で、侃々諤々《かんかんがくがく》の議論。籠城《ろうじょう》するか、出撃するか、いずれにしても勝てる見込みはほとんどありません。

結論が出ないまま、最後に信長が「撃って出る！　出陣じゃ！」ということで一気に城を駆け出ます。

視野を妨げるほどの豪雨の中、織田勢は桶狭間で休息している今川義元に奇襲をかけ、ついに義元の首を討ち取り、合戦に勝利しました。


これによって織田信長の天下取りが始まるわけですが、このとき信長が、これほどの戦力の差があるならば勝ち目はないと早々に城を明け渡していたら、桶狭間の合戦はなかったでしょうし、その後の織田信長もなかったと思います。

しかし、通常では勝てない状況だけれども挑戦してみた。結果、完勝ということになったのです。

要は、信長の「勝てないと思うのではなく、やってみよう」という、その考え方、挑戦の勝利だと言えるでしょう。

◎信じて頼まれたなら、やってみる

以前、ある社長が地方に支店を出そうと決めて、「さて、誰を支店長にしようか」と思案していると、ふと入社2年目の20歳を過ぎたばかりの若い社員の顔が浮かんだ。

「彼は、まあ、新人と言えば新人だが、多少能力もありそうだ。なにより熱意がある。よし、彼に支店長をやらせよう。自分の見るところ今はともかく、そのポストに就かせれば彼は大いに成長するだろう」

そこで、彼を呼んで、支店長を担当するように指示しました。

当然、本人はびっくり。平社員の、しかも新人同然です。支店長といえども、やはり経営をしなければなりません。そう思うから、社長に「とても、私のようなものには、そのような大役を果たす能力はありません。また、会社にご迷惑をおかけすることになれば社長に申し訳もありませんので、辞退をさせてください」と言います。

彼の話を聞き終わると社長は、

「キミが、そう言うのももっともだ。心配するのも当たり前だ。しかしキミ、できるかできないかは、やってみなければわからないだろう。キミはできないというが、私はできると思う。まあ、一度チャレンジしてみないか。それで失敗した、うまくいかなかったということであれば、そのときの責任は私がとろう。心配するな。キミならできる」

と言います。

社長にそこまで言われれば、引き受けざるを得ません。

とにかく一人でその地方に行って支店を立ち上げることにします。やがて1年が経ち、社長がその支店を訪ねると立派に経営をしている。社員も10人になっている。

社長がその成果を讃《たた》えると、その若い社員は深々と社長に頭を下げて、「このような立場を与えていただいたことに、心からお礼申し上げます。私でもこうした結果を出すことができることを知り、驚きとともに改めて社長に感謝します」と言ったという話がありました。

まさに、やってみなければわからない。できないと思ったことがやってみたらできたのです。その若い社員は、自分の思ってもみなかった能力に誇りを持ったことでしょう。

◎できることをやっていては、成長しない

スポーツ選手でも同じです。

ある選手が、監督から、あるいはコーチから、「100メートルを9秒台で走れ」と言われて、「いや、それはムリです。今、私は10秒後半がやっとです。9秒台など、いくら練習しても走れません。自分の限界は私が一番わかっています」と答えました。

監督が言います。

「お前は、なぜ自分で限界だと決めつけるのか。10秒台でしか走れない。それは思い込みだ。オレはお前が9秒台で走れると確信している。一度、挑戦してみようじゃないか。やってみてできなければお前も心から納得するし、オレも納得することができる。万に一つでも可能性があるならやってみようじゃないか」

そう言われたら、どうせ練習するのだから9秒台を目指してみよう、ということになる。そして必死で練習を繰り返しました。

結局は9秒台のタイムは出せなかったけれど、限りなく10秒に近いタイムでコンスタントに走れるようになりました。そして、オリンピックや世界陸上の代表選手に選ばれるようになったのです。

自分ができることをやっていっては成長しないのです。まさに現状に甘んじる生き方、働き方では、「仕事の達人」にも「人生の達人」にもなることはできないのです。

◎まず、挑戦してみる

もう一つ、これはもう80年ほど前の話になりますが、町工場の社長が、ある電気製品を「市場の価格の半分の値段で、しかも品質を落とさずつくってくれ」と若い技術主任に指示しました。無茶な話です。

当然、職人肌の技術者は、即断ります。

「そんなことは、ムリです。絶対にできません。私はプロです。できるかできないか、やってみなくともわかります」

すると社長は、「キミができないというのならできないのだろう。しかし、私は日頃からキミを見ていると、この私の指示を、キミなら必ず実現できる。キミならできると確信しているんだ」と切り返しました。

そう言われると、まあ結果はわかっていても、社長が言うのだから、取り組んでみようか、ということで取り組みます。

結果、3か月後、見事に市場価格の2分の1の価格、しかも市場に出回っている他社の商品よりも性能が高い製品をつくり上げることに成功しました。

後年、その技術者が、

「わからないものですね。私は経験的にできないと思った。しかし社長ができる。お前ならできると言われ、とにかく取り組んでみました。そうしたら、3か月後にはできたんです。社長は、大変喜んでくれましたが、なにより私自身が驚きましたね。『えっ？　できたの？』という思いでした。本当に自分の思い込みで、自分のちょっとした経験だけで、やる前からできない、不可能だなどと言うもんじゃありませんね。しみじみそのとき思いました。それからは私は、やる前にできない、難しい、不可能だと言わないことにしました」

と笑顔で話をしてくれたことを覚えています。

◎「断らない」が人生で後悔しない方法

会社で、社会で、人生で、自分の成長を願うならば、いかなる指示も「できない」と言って断らないこと。わかりましたと引き受けて、挑戦してみる。取り組んでみる。

そのことによって自己を成長させ、人生の幸運の扉をこじ開けることができるのです。

「人生、やってみなければ、できるかどうかわからない」ということです。

それで失敗したら、どうするか。

いいではないですか。

「挑戦こそ、人生」「失敗は、次の成功の出発点」です。挑戦し続ける人こそ「仕事の達人」、いや「人生の達人」と言えると思います。


それでも、いやいやもし結果を出せなかったら、失敗したらカッコも悪いし、多くの人たちに迷惑をかけるから、やはりできないと思うことはできないと、はっきり断ることが大事だという人がいるとすれば、それはそれでその人の人生ですから、とやかく言うつもりはありません。

しかし経験から言えば、そのような思考停止では、人生や仕事が充実せず、満足感が得られないばかりか、やがて時が過ぎるにつれて後悔の思いが心の中で渦巻いてくると思います。


あのときやってみればよかった。

あのとき断ったため、ほかの人が引き受けて取り組んだ。できるはずもないと思っていたのに見事成功した。周囲からは賞賛されるし、会社からは高い評価。今、彼は部長。オレはまだ主任。あのとき引き受けてチャレンジしておけばよかった、と思うばかりになるでしょう。

もちろん、部長が偉くて、主任が偉くない、などと言っているのではありません。部長でも主任でも、その役割をしっかりと演じ切っているかどうかが重要なのですから。部長と主任に「役割の差」があるわけもなく、対等であることは当然ですが、しかしやはり、その守備範囲、役割範囲に大小はあります。その役割の大きさの差に、後悔することになるのです。

◎「やってみる」ことは人生の大きな勉強になる

上司からの指示は、どのような指示も断ってはいけません。引き受けて挑戦してみることです。みずから自分の限界を決める必要はありません。

できるかできないかは、自分でもわからないものです。上司からの公序良俗に反しない、仕事上の指示は、すべて引き受ける。あなたにとって大事なことです。

成功しても失敗しても、これからの長い人生にとって、とてつもなく大きな勉強となるでしょう。

『まかせたぞ』　できない上司の　逃げ言葉」というサラリーマン川柳がありますが、こういう上司を持ったことは、あなたにとって最高の幸せ。心の中で「ラッキー」と叫ぶべきでしょう。

まかせてくれる仕事を全部丸ごと引き受けて取り組み続けていけば、あっという間に、あなたが部長になり、今までの上司は相変わらずの課長ということも、今の時代はあり得ます。

『まかせたぞ』　逃げる上司に　感謝する」部下になれば、「仕事の達人」の道を着実に歩き始められます。

繰り返しますが、指示された仕事は公序良俗に反しない指示なら、断ってはなりません。自分の能力を引き出す絶好の機会ととらえ、すべて引き受けることを心掛けてほしいと思います。

「やらずに後悔するより、やって後悔する人生が価値ある人生」

ということを心にとどめておいてください。

目で話を聞く。

7

◎上司の話は、まず黙って「聞く」

上司の話を聞く。

注意されたり、小言を言われたり、ときに厳しく叱責を受けることもあります。

およそ、キャリアが違いますから、あなたが気づかなかったこと、見落としていたこと、勘違いしていたことがあるのは当たり前です。そんなとき、上司の机の前に立って話を聞くことになります。

最初に言っておきますが、「聞くこと」と「尋ねること」とは違います。このところ、「聞く力が大事だ」とよく言われ、また、そうした内容の本がよく売れています。ですが、よく読んでみると、それは「聞く力」ではなく「尋ねる力」のことでした。

要するに、相手の話を引き出すためには、訊《き》く姿勢や心掛け、テクニックが大事だということ。

それはそれで大事なことです。相手に話しやすいように尋ねるためには、どういう尋ね方をすればいいかは、コミュニケーションの大事なテクニックです。

いかに相手に話をさせるのか。いかに今まで語っていない話を引き出すか――。

このような場合、双方のコミュニケーションということになります。

質問は、話を引き出すための手段。尋ねることは、相手の立場に立って相手の言いたいこと、自分が聞きたいことを引き出すために行うのです。

しかし、ここでいう「聞く」は、相手の話を引き出すのではなく、相手の話を文字通り「聞く」ということです。

「聴く」も同じです。音楽を聴く。話を聴く。そこには質問も確認もありません。

演奏会を聴きに行って、オーケストラの演奏中に指揮者に話しかけることはありません。

また、講演会を聴きに行って、講演者が話をしている最中に質問することはありません。

もちろん、演奏や講演が終わった後に質疑応答があることもあります。

それは文字通り質問し、答えることです。そういう時間になれば、訊く、あるいは尋ねるということになり、双方のやり取り、コミュニケーションになるわけです。

したがって、今しきりに「聞く力」と言われていますが、正確に言うのなら「尋ねる力」ということになります。

なぜ、こんなふうに「聞く」という言葉の説明をするかというと、**上司の話を「聞く」**

というのは、原則として双方向ではないからです。

その上司の話が終わるまで、文字通り聞いていなければならないのです。

話が終われば、「質問していいですか」「確認させていただいていいですか」などと、いわゆるクエッションタイムに入ります。

そこで初めて、尋ね、私見を述べ、上司と意見を交わすことになるのです。そのケジメがわからないと、評価されることはありません。

◎人の話は「目で聞く」

そして、話を聞くときには、耳で聞くのではなく「目で聞く」ことを心掛けてください。

「目は口ほどにものを言い」という諺がありますが、話をしている上司は、あなたの目を見て、わかったかな、まだわかっていないのかな、と判断しています。

まだ、経験したことがないかもしれませんが、相手が黙って聞いていても、自分が話していることに対して相手が納得して聞いているのか、そうでないのか。

不満を心に持ちながら聞いているのか、上の空、空《から》なる心で聞いているのかは、相手の目を見ていればわかるものです。

私も、かつて松下幸之助さんから、かなり長い時間、叱られたことがあります。しかし心の中で、「そうはおっしゃいますが、それはこういう理由でやらざるを得なかったのです」とか、「そこまで言われなくてもいいでしょう」とか、「仕事には流れがある、多少、流れが違っても間もなく修正するつもりだったんですよ」とか、「それにしてもこんなに激怒しなくても」とか、そう思い続けている間、叱責が続きました。

そのうち、そう言えば理由はともあれ、私がやったことは、やらざるを得なかったとしても、よくないことであったなと思い始める。

やがて、仕事の流れを正常に戻すつもりでも、戻せない可能性もなきにしもあらずであったな、確かによくないな、などと心の中で叱責を受けとめながら思い始めると、松下さんが急に「わかったか！」と言うのです。

思わず、「申し訳ありませんでした、すぐ対処します。以後、注意します」というようなことが何度かありました。

どうして、私の心の変化がわかったのだろうかと訝《いぶか》しく思ったものですが、改めて思うことは、私の心の変化が目に現れていたのではないかと思います。

要は、心の変化は目に現れる。だから「耳で聞くのではなく、目で聞くことが大事」だということになるのです。

気持ちが最初に現れるのは「目」。ですから上司の話を聞くときは、上司の目を見ることが大事なのです。

といっても直接、目を見るのではなく、できれば眉間《みけん》の辺《あた》りを見ながら聞くといいかもしれません。

素直に聞いていますよ、納得して聞いていますよ、などとあえて言わなくても、上司はあなたの目を見てそのことがわかります。納得していない。不満に思っているとなれば、言わなくても、上司はあなたの目を見てそのことがわかるのです。

◎確実に聞いている気持ちを「頷く」ことで伝える

「頷《うなず》く」ということも、大事でしょう。

あなたが、上司の話を聞きながら、なるほど気をつけよう、これから改めよう、注意しようという反省の気持ちを、さらにしっかりと上司に伝えるためには「頷く」こともすべきです。目で聞き、そして頷く。完璧な聞き方です。

上司も、注意しながら思わず、「こやつ、愛《う》いヤツだ」などと思うもの。この部下に目をかけてやろう、あなたを育ててやろうなどと思うものです。

「頷く」ということは、聞いていますよ、理解していますよ、納得していますよということを、目だけではなく動作で表すことです。「聞いている確かさ」を上司に伝えるということです。

ある大学の先生と、酒を呑みながら雑談をしているときに聞いた話ですが、講演のときに一番嫌なことは、大勢の聴衆の中で二人だけで雑談して自分の話を聴いていないことだそうです。

「実に不愉快ですね」と言いながら、「ありがたいのは、頷く人が一人でもいることです」と付け加えました。

確かにそうだなと、心の中で同感しましたが、たくさんの聴衆の中で頷く人が一人でもいればわかるのかと言えば、壇上から見ていると、動きのない聴衆の中で、一人でも、まして三～四人でも顔が動けばよくわかるものです。

「ですからね、話をしているうちに気持ちはその頷いている人だけに話そうかと。そういう気分になりますね」と言っていました。

なにはともあれ、人の話は耳で聞くのではなく「目で聞く」。

そして「頷く」。

質問や確認したいことがあれば、聞き終わったあと。

これらを実行することが、「仕事の基本」。それが「仕事の達人」になる道ということになるでしょう。

8

「メモ力」をつける。

◎メモは、必ず取るようにする

メモを取るな。神経を集中して話を聞けという人もいます。

また、あるセミナーで講師の先生から、

「メモを取っていると、取ることが目的になって、それで満足する。だから、書くだけで実行しないということになりがち。メモを取らずに私の顔を見て、私の話を聞くように」と言われたと、若い友人が話してくれました。


「どうでしょうか。やはりメモは、まったく取らないほうがいいのでしょうか」と訊いてくる。

「で、そのときあなたはどうでした？」と尋ねると、「いやあ、メモを取らないで聞いていると、忘れてはいけないとかえって緊張し、終わってからいくつかは思い出すのですが、いくつかは忘れて」と苦笑しています。

「それは初めてそう言われたからで、慣れたら案外記憶できるかもしれないけどね」と言いつつ付け加えました。

「しかし、どちらかと言えば、やはりメモを取ったほうがいいと思うけどね」と言うと、彼はホッとした表情で「やっぱりですよね」と頷《うなず》いていました。

メモを取るべきではないという人の言い分はよくわかります。おそらく、相手の表情を確かめながら話す人だからだと思います。

相手の表情を読み取って話の仕方を変える。ときに内容を変える。

ですから、まったく相手の表情が見えなかったり、反応がわからないと、次第に聞いてくれているのかと不安になる。このままでいいのかと思い始める。理解してくれているのかと心配になってくるのです。

友人の評論家が頼まれて、ある女子大学の学生2000人ほどの前で話をしたことがあるそうです。

「いやあ、まいったよ。1時間半の間、全員が下を向いてるんだ。聞いてくれているのか、いや、寝てしまっているのか。途中から話す気がなくなってね。話も次第に流してしまったよ。でも、終わってから聞いたら、『先生の話はレポートを提出して単位になりますから、みんな筆記していたんですよ』と言うんだな。それでわかったけどね。しかし表情がわからないと話しにくいな。往生したよ」

日本の大学の授業は、ほとんど毎年、極端に言えば一言一句異なることなく、学生が聴いていようがいまいがお構いなく、まるで録音したものを流すかのように教授や講師が講義をします。

ですから、学生が下を向いていようが寝ていようが、あまり気にしないのでしょうが、くだんの評論家は、毎回のように、そのつど話し方を変えています。ときに話す内容を変える。いつも聴衆の反応を確かめながら話をしているようですから、随分と話をしにくかったのでしょう。

その女子大生たちは、レポートが成績に直結するのですから、必死にメモを取るのはやむを得ないと思いますが、やはりメモを取る「メモ力」はあったほうがいい。とくに、仕事で成果を出そうとするのであれば、メモ力を身につけるように努力したほうがいいと思います。

「人間は、忘れる動物」です。どんなに意識を集中していても、100を言われて100を覚えていることは不可能です。まして、翌日はまだしも、1週間、1か月、1年間ともなれば、「記憶の完全持続」は絶対にあり得ません。

やはりメモをし、そのメモを繰り返し見て確認することによって、1000のうちそれでも70〜80ほどになりますが、記憶にしっかりと残していくことができるのです。

◎大事なことは、配布文書には書かれていない

とりわけ、上司や取引先からの指示に対して、メモを取ることは大切です。

「キミ、すまんが、鴻池建設の山之内社長に連絡して、私が来週6日、水曜日の午後7時に銀座のクリスタルビル12階にある料亭『浮橋』で会いたいと伝えてくれないか。その日の都合が悪ければ、いつがいいのか調整してくれ。用件は今取引しているスチール鋼材のことで、相談したいと。

あっ、そうそう、そのとき手土産、持って行くからね。京都の『かね正』のお茶漬け鰻、8000円でいいや。取り寄せておいてね。『浮橋』の予約も忘れずに」

と、たとえば指示されたとして、あなたは、このすべてをメモを取らずに記憶することができるでしょうか。

あるいは、会社の経営方針発表会で、「今期のわが社の目標」について社長が話をする。

もちろん、たいていは後日、印刷された資料が配布されるでしょう。中小の会社であれば、その場で配られることもあるでしょう。

しかし、社長はその内容通りには話をしないかもしれない。途中、たとえ話を入れながら話をしたりします。社長の話したエピソードが配布された文書にはない、ということもあります。

そのたとえ話、そのエピソードが、社長の話を思い出すきっかけになったり、現場で実務に落とし込むときの参考になったりすると思っていたのに、ない。

しばらく時間が経つと、当たり前のように話の大半が忘却の彼方へ……。

やはり、いくら意識を集中して聞いていても、一部分は覚えていられるかもしれませんが、その他は必ず記憶が薄れていきます。

上司からの指示が重要であればあるほど、細部も疎《おろそ》かにはできません。いや、細部こそ押さえておくべきです。そのためには、「メモ力」を身につける必要があるのです。

◎メモは「A4のノート」で取る

ただ、メモを取るということは、取っている間は相手の顔を見ることができません。ひたすら手元のメモ用紙に目を落とし、ペンを走らせる。相手の言うことを耳で聞き取りながら、書き続けることになります。

しかし経験的に、このようにメモ用紙に目を落としながら、メモを取り続けることはしないほうがいいと思います。

「メモ力」を身につけるためには、いつもA4サイズのノートを携行することをお勧めします。いつもどこでも、必要ではないとわかっていても持っていく。持って歩くことを心掛けるべきです。

◎手元を見ずに、メモを取る

なぜかというと、1対1でも、会議などの大勢であっても、相手の話を聞くときは手元は見ずに、相手の顔を見て、相手の目を見て、目で話を聞くようにするからです（66ページ参照）。すると、あまり手元を見ることができません。

頷きながら、必要に応じて「はい」「わかりました」と応えながら聞く。**手元をほとんど見ずにメモしていくためには、経験的にA4の大きいノートが必要**なのです。

当然、後から見ると、文字が重なっていたり行が斜めになっていたりしますが、それを話を聞いた直後に見直すのですから、文字が重なっていようが読みにくかろうが、なにを書いたか見当がつきます。

すぐに書き直すなり手を入れるなりして、わかるように修正する。さほど時間はかかりません。そのときに忘れてはいけないことは、その**指示を受けた日時、場所などを忘れずに書いておく**こと。これは後日、必ず役に立ちます。

◎すぐに、そして繰り返し見直すことで確認になる

要は、そのような「メモ力」によって、相手に自分の表情を積極的に見せるのです。「わかっていますよ」「理解していますよ」と伝えることができる。相手に安心感を与えることができるのです。

まして、すぐに見直すわけですから指示された内容を確認できます。また、見直すことによって、細部にわたって記憶を蘇《よみがえ》らせ、メモに書き漏らしていたことも加えられます。

このような「メモ力」をつけることで、上司からの「絶大な信頼と安心感」を得ることができるでしょう。かくして、あなたは「社内の階段」を確実に上っていくことになる。

そして、その**A４のメモノートを「繰り返し」見る**ことです。過去の終わったメモも読

み直す。もちろん、これから取り組まなければならないところも読む。

するると、上司や話をした相手が、「う〜ん、あれはなんだっけ、あれはいつだったかな」というときも、すぐに応じることができます。

これから取り組まなければならないメモも何度も見ます。なんのために見るのかと言えば、それは、そこにメモしている内容を身につけるため、あるいは、その内容を達成するためには、どのような手順で進めるべきか、どのような準備をしておくべきか、漏れのないようにするためです。

要は、完璧に指示を成し遂げるためです。

瀬島龍三《せじまりゅうぞう》という人がいました。大東亜戦争のとき、大本営《だいほんえい》作戦参謀《さんぼう》などを歴任し、最終の階級は陸軍少佐。終戦後は、11年間、1956年までシベリアに抑留されました。

この瀬島氏については、1945年8月19日、関東軍とソ連極東軍による停戦交渉の折、「ソ連への国家賠償として、日本兵らの労務提供を認めた」ことで、いわば「日本兵をソ連に売り渡した張本人」だという人もいますが、ご本人は「根拠のない虚構」と言っていました。

戦後は、伊藤忠商事会長や中曽根康弘元首相の顧問を務めるなど、わが国の政財界に大きな影響力を持ち、「昭和の参謀」と称されていました。2007年に亡くなりましたが、生前、数年間お付き合いをしたことがあります。

この瀬島氏が、自分の予定表を折《おり》あるごとに、たとえば車の中でも時間があれば繰り返し繰り返し見ているると、秘書の人が笑って話をしてくれたことがあります。

「なぜ、あんなに見ているのか、わかりません」と言う。

彼は、予定表を穴が開くほど繰り返し見る瀬島氏を「不思議だ」とも言っていましたが、その話を聞いて、なんの不思議もないどころか、さすが大本営作戦参謀だったことがよくわかるエピソードだと思いました。

瀬島氏が、その予定表を繰り返し繰り返し見ていたのは、これからの予定を完璧にやり遂げる、こなしきるためには、自分がどのような準備をしておく必要があるのか、この予定のとき、どのような話をすべきか、この話をしたときに、どのような影響を周囲に及ぼすことになるのかというようなことを思い、考え巡らしていたのではないかと思います。そうしてはじめて、仕事を完璧にやり遂げていくことができたのでしょう。

◎「メモ力」はあなたの能力を格段に高める

メモを取るということも、ただ「取りっぱなし」では意味がありません。

その取ったメモを見直す、書き直す、確認する。

そして、指示を迅速に、正確に処理するためには、どのようなことをすればいいのか、この予定のためには、どのような準備をし、誰と相談し、連絡をとったらいいのか、そのようなことを心掛ける必要があります。

そうしてこそ、「メモ力」が身につくのです。


いや、最近は、そんなことをしなくても小型のＩＣレコーダーがある、スマホでもアプリで録音機能を入れれば、それで録音できる。それを使って、メモを取らず、話を目で聞いたほうがいいのではないか、と言う人もいるでしょうし、実際にそのようなことをしている人を知っています。

まして、これからＡＩ技術やロボット技術が進めば、録音しているだけで同時に自分のパソコンに文字として入力されるようになるかもしれません。

しかし、そういうことが可能になったとしても、やはり「メモ力」は必要。メモを取ることは大事です。

なぜならば、「メモ力」は、ただ記録をすることが目的なのではないからです。

メモを取ることによって、集中力を身につけることができる。見直し、書き直し、書き加えることによって、記憶に定着させることができる。繰り返し確認することによって、準備や心積もりを完璧にすることができる。したがって、自分の能力を高めることができるのです。


A4のノートをつねに持って颯爽《さっそう》と社内を歩きましょう。颯爽と会議に出席しましょう。そしてノートを開き、手元を見ずに目で話を聞きながら、アイコンタクトをしながら、メモを取り、相手に信頼感、安心感を与え、かつ指示された仕事を細部にいたるまで、完璧に仕上げる「仕事の達人」に成長しましょう。

きっと会社は、そのようなあなたを高く評価し、そしてあなたは、自身が納得し、満足する結果を手にすることができるでしょう。

9

「かくれんぼう」を大事にする。

◎「かくれんぼう」は「確認・連絡・報告」のこと

「かくれんぼう」とは、「確認して、連絡して、報告する」ことです。

たとえば、上司から指示がある。

わかりましたと、その仕事を引き受ける。

引き受けて、ただ仕事に取り組むのではなく、まず「かくれんぼう」を意識してください。

理由は二つあります。一つは指示した上司に安心感とあなたへの信頼感を抱かせるため、二つ目はあなた自身の活動を上司に認識させるためです。

そのために、「確認」「連絡」「報告」、すなわち「かくれんぼう」は、「仕事の基本」として心得ておきたいことだと思います。

◎「確認」することで上司も助かる

上司から、呼ばれます。

「この仕事を、こういう内容で結果を出してほしい」

「わかりました」と受ける。すぐに取り組む。それは大事なことです。

しかし、すぐに取り組むにしても、まず、こういう内容で取り組みますよ、という「確認」をする必要があります。

先ほど指示をもらったばかりなのだから、これでいいだろう、これで間違いはないだろうと進めてしまうと、実は進め方や結果が上司の狙いに合っていないことがあります。指示を受けた仕事が大きければ大きいほど、念を入れて確認することが大事です。ときに口頭で、ときに書面にして上司に言う、あるいは見せるのです。

そういう**「確認」をすることによって、上司も自分の指示を再度確かめることができます。**

そのような「確認」をすることによって、上司を救うこともあるのです。

「いや、その件ねえ。ちょっと待ってくれ。もう少し考えてみたい。別の手を打ってからのほうがいいかもしれない」ということになるかもしれません。

その「確認」によって、上司が失敗するのを未然に防ぎ、感謝されることがあります。「確認」によって、あなた自身の配慮を上司に印象づけることができるのです。

◎「確認」はコミュニケーションの行き違いをなくす

確認を怠ると、場合によっては叱責を受けることもあります。

「こういう内容の連絡を、すべての顧客に通知してほしい」という指示を受けて、すぐに言われた内容を流したとします。

流した後、その連絡した内容を上司が見て、「いや、ここの部分は私の言ったことと違う。この表現では誤解を招く」と言い出すこともあります。

しかし、もうすでに流してしまっている。時すでに遅し。

「すみません。もう、すべてのお客様にこの内容で連絡しました」と言った途端、上司は怒髪天《どはつてん》になるでしょう。

やはり、その内容をメールで流す前に、「この内容でいいですね」と「確認」することが、「仕事の達人」の絶対条件です。

◎「相談」では、あなたが成長しない

あるいは、指示された仕事を進めていく途中で、行き詰まる。どうしようか思案に暮れることがあります。

そのようなときに、上司に「どうしたらいいでしょうか?」と「相談」に行くようではいけません。やはり、自分で考えた打開策を持って、「こういうところで、こういうやり方で行き詰まりました。そこで私は、こういうやり方を考えてやってみようと思いますが、いいでしょうか」という「確認」をすべきでしょう。

なぜ、「相談」ではなく、「確認」が大事かというと、「どうしましょうか」「どうしたらいいのでしょうか」という相談では、仕事の下僕《げぼく》だからです。

自分の考えを自分で考え出す。そのような主体性がなければなりません。

自分が考え抜かずに、「さあ、どうしたらいいのでしょう」「どうしましょうか?」では、上司も困りますし、あなた自身も成長しません。

よく「ほうれんそう(報告・連絡・相談)が大事」と言われますが、「かくれんぼう(確認・連絡・報告)」と、「ほう・れん」は同じでも、「そうだん」では、あなたは成長しないのです。困ったら相談する。「どうしましょうか」「どうすればいいのでしょうか」では、いつまでたっても、「自立なき労働者」です。

そうではなく、「自主自立の気概を持ったビジネスパーソン」にならなければ、社内で認められるようになりません。ですから、「確認」は、とても重要なことだと認識しておいたほうがいいと思います。

付け加えれば、「確認」さえ怠らなければ、仮にことが成功しなくても結果が出なくても、あなたの責任を一方的に責めるられるようなことはなくなります。

少し、こざかしいことを付け加えたようにも思いますが、「確認」は、あなたにとって、そのような利点もあることは確かです。

◎「とりあえず、お知らせします」はアピールになる

「連絡」も大事です。

仕事の進行状況を連絡する。一報を入れる。そのことによって上司は、あなたに安心感と信頼感を持ちます。

多くの部下を持っている上司は、いちいち自分のほうから部下に連絡することは、ほとんどできません。

「仕事の確認はしたけれど、彼は確かにその仕事に取り組んでいるのだろうか」「どこまで進んでいるのだろうか」「指示した相手に連絡しただろうか」「どのような話の内容だったのだろうか」などと、さまざま気になりながら、あれやこれやで部下に聞く時間がない。

そう思っているところに、あなたが連絡する。

「ご指示いただいた案件は、今ここまで進めています。とりあえず、お知らせします」

「取引先の役員と会いました。一言で言えば、こういう話の内容でした。詳細は改めてご説明します。とりあえず、ご連絡します」

この**「とりあえず、ご連絡します」「とりあえず、お知らせします」という、「とりあえず」の一言が、「仕事の基本」**です。

適当なタイミングに、とにかく「連絡」するのです。「ご指示いただきました会社に、これから訪問いたします」と「連絡」する。

この「連絡」によって、上司はあなたが大いに頑張ってくれていると認識します。「よくやっている」と思うのです。「連絡」はまた、あなた自身を上司にアピールする方法ということになります。

このような「連絡」は、「わかっているから」いちいち連絡してくることは不要という上司もいるようですが、しかし、それでは上司がいちいち面倒だからと言っているようなもの。また、部下のアピールの機会を拒否しているようなものです。自分中心の上司と言えるでしょう。

なぜならば、その連絡があったとき、「いや、ありがとう」「そうか、ご苦労さん。頑張ってくれよな」という一言が、どれだけ部下を喜ばせ、励ますことになるかを知らず、部下の実力を把握しようとしない上司だからです。それでは、組織全体を円滑に動かしていくことができないと思います。

たいていの上司は、その「とりあえず」の連絡を必ず評価します。

「彼女に任せておくと安心だ」「アイツの実力はたいしたものだ」ということになれば、あなたは、ますます評価されるようになります。「連絡することの重さ」をしっかりと認識しておくことが必要です。

◎「報告」をして、やっと仕事が終わる

「報告」は、最後の仕上げです。

指示された仕事の結果が出た。成功にしても失敗にしても、とにかく仕事には結末があります。その結末を報告することによって、あなたの仕事は終わることになります。

その「報告」をしないと、上司は「彼は、いつまでやっているんだろう」「なにをぐずぐずしているのか」「仕事が遅いな」と思うようになります。

すでに仕事を終えているのに「報告」を怠れば、上司にはその仕事が終わったことがわかりません。指示した仕事の結果がわからないのです。

となれば、あなたに対する評価や印象は、決していいものにはならないでしょう。

以前、ある会社のA会長が、新社長に指示をして、アメリカの取引会社にこれこれの用件で出張するようにと指示したことがあります。A会長は、新しく社長になったばかりだからと、わざわざ新社長を空港まで見送り激励しました。

数日して、新社長は帰国しましたが、会長のところに報告に来ません。今日来るか、今日来るかと、会長は待っているけれど新社長はまったく来ない。

A会長は業を煮やして、社長室に出向き、新社長に「キミは報告に来ないのか」と激しく叱責するということがありました。

当の新社長は、「いや、ちゃんと言われたことは、やってきましたから」と言いましたが、それから、この二人の関係は急速に冷えていきました。

新社長にしてみれば、言われたことをきちんとこなしてきたから、なにも報告しなくてもいいだろうという思いだったのかもしれませんが、少なくとも帰国挨拶と報告は当然しなければならない。

そのような意味でも、もう上司はすでに知っているだろうから報告するまでもない、などと思わず、必ず自分から報告するようにしてください。

一方で、その会社の最高顧問だった人は、海外に出張するたび直前に一言、A会長のところに確認と挨拶に来ました。帰国すると、空港から「今からご報告に行かせていただきます」と電話をしていました。

今のように携帯電話のない時代ですから、空港の公衆電話から電話をかけて、報告に来る、というような律義さでした。会長がこの最高顧問を信頼する大きさは、言葉では表現できないほどでした。

「報告」は、一つの仕事の結果を伝えることです。指示を受け、仕事に取り組んだ以上、報告は大事だということを心にとどめておいてください。

いずれにしても、一つの仕事を指示されたら「かくれんぼう（確・連・報）」の一つひとつをしっかり押さえて進めていく。それをしっかりと実践することが「仕事の基本」であることを、経験的に確信をもってアドバイスしたいと思います。

10

能力は、ほどほどでいい。

◎若いうちの能力の差など、小さなもの

他の人たちの仕事ぶりを見ると、つい比較してしまう。あの人たちには勝てない。同期はみんな優秀だと落ち込んでしまう……。

そのような気分になることがあるかもしれません。いや、ほとんどの人が、「なにやら劣等感症候群」に罹《かか》ってしまうものでしょう。

しかし、能力というものは、さほど差があるものではないということです。学歴は高卒ですが、世界的建築家で活躍している人を知っているでしょう。今、彼は逆に東大生に教え、東京大学特別栄誉教授になっています。

あるいは、いわゆる三流と言われている大学の出身者ですが、一流企業の経営者になっている。そのような例はいくらでもあります。

ある大企業を訪問した際に、高卒の幹部と、ほとんど同じ年齢で東大卒の部下ということがありました。

用件が終わり少しの雑談のとき、その幹部が話の弾みで「彼は、東大を出ていましてね。

なかなか優秀なんですよ」と言う。「へえ、そうですか」と応ずる間もなく、「私は高卒ですけど」と笑顔で続ける。

「いや、それもすごいですよ。お二人とも、それぞれに優秀で羨ましい限り」などと応えたことを思い出しましたが、能力があるとか頭がいいとか、それはたいした問題ではないのです。

経験的に、若いうちは能力の差があるとは言えないと実感しています。

まあ、**若いときに能力があるとしても60点ぐらい。能力がないと言っても50点か40点ほど。その差は10点か20点。その程度です。**

ですから、他人と比較してコンプレックスを感じ、みずからを卑下する必要はまったくありません。

◎「熱意」は、能力を引き出す「仕事の基本」

では、なぜその後に違いが出てくるのか。

一方は世界的建築家になり、世界的経営者になり、一方は三流建築家や三流経営幹部にとどまるのはなぜでしょうか。

それは、「熱意の差」、滾《たぎ》るような熱があるかどうかの差で違ってくるのです。熱意が能力を引き上げる。熱意が社内の、人生の階段を確実に上らせるということです。

能力がある人でも、自分は能力がある、優秀だと、そこに胡坐《あぐら》をかいて周囲を睥睨《へいげい》している間に、能力がないと思っている人が、「よし、一生懸命、仕事に取り組んでみよう」「全力で人生を生きてやろう」と熱意を持てば、あっという間に能力のある人を追い抜くことができるのです。

繰り返しますが、**「熱意は能力を引き出す」**のです。

自分で能力がないと思うのではなく、能力がない分、私は汗を流そう、努力をしよう、誰にも負けない熱意を燃やそうと考えて、日々、研鑽《けんさん》、努力すれば、すぐに能力のある人の上に行くことができる。

「社内の階段」や「人生の階段」を上るために最も必要なものは、ただただ熱意。極端に言えば、絶対的熱意に自信のある人は大学など行かなくてもいい、ひょっとしたら大学に行かないほうがいいとさえ言えるかもしれません。

実際、アップルのスティーブ・ジョブズも、マイクロソフトのビル・ゲイツも、大学を途中で退学しています。彼らにあったのは、もちろん適性能力もあったでしょうが、それ以上に自分が取り組む仕事に熱中する滾《たぎ》るような熱意です。

もし、**自分に能力がないと劣等感を感じているとすれば、能力なきことを嘆くのではなく、熱意なきことを嘆かなければなりません。**

世紀の実業家、経営の神様と言われた松下幸之助さんも、小学校4年中退。ただただ「熱意」のみで、「世界的企業」を築きあげました。熱意は、「仕事の達人」になる必要絶対条件。熱意は、「仕事の基本」だということです。

◎「熱意」は企業をも動かす

ずいぶん以前の話になりますが、ある銀行の支店長が、某有名企業M社の経営担当役員を突然訪ねて来ました。

その銀行とはほとんど取引がないのに、用件はなにかと訝しく思いつつ会うと、挨拶もそこそこに深々と頭を下げる。

「うん?」と思っていると、「このたび支店長になることができました。これも御社の社長様のお陰でございます。それで、なんとしてもお礼を申し上げたく思ったのですが、直接では失礼かと。私のお礼の気持ちを社長様にお伝えいただきたく存じます」と言う。

役員があっけに取られていると、彼はその理由をすぐ話し始めました。

その企業M社の社長は昔、別のA銀行に大変お世話になったこともあって、A銀行としか取引しないと決めており、他の銀行とはまったくの疎遠でした。

ところが、その支店長が若い頃、その会社の近くの支店に異動になって、この会社がA銀行以外と取引していないことを知ります。

そこで、若い彼は、「よし、なんとしてもM社と取引できるようにしよう」と、周囲が「ムリムリ」と言うのも聞かず、M社を訪問します。最初は担当重役が会ってくれ、「……そういうことで、当社としてはA銀行とだけしか取引をしないことになっていますから」と丁重に断られます。

しかし彼は諦めず、翌々日にも訪ねていく。今度は経理部長。もちろん答えは同じ。彼はまた、その翌々日も訪問する。経理課長が出てくる。断られる。また翌々日、訪ねる。経理担当者が出てくる。断られる。

またまた翌々日、出かける。もう担当者も誰も出てこない。そこで名刺を受付に置いていく。以降、1日おきに訪ね、名刺を受付に渡しました。

なんとしてもM社との取引を成立させたい。わが銀行をM社と取引する二番目の銀行にするんだというひたむきな熱意が、実に3年間続きます。その滾《たぎ》るがごとき熱意が社長の耳に届き、社長の心を動かします。

そして、ついに彼はM社との取引開始に成功します。彼の銀行の役員もびっくりですが、世間もびっくり。

彼は「名刺3箱で、一行主義で有名なM社を落とした男」として一躍有名になり、しばらくあちこちから講演を頼まれるようになったということです。

「お陰様で、そのようなことがありまして、その後、行内での評価もよく、このたび支店長になることができました。それで、なんとしても感謝の気持ちを申し上げたく、ぜひ宜しくお伝えください」と言ったそうです。

さあ、彼にどれほどの能力があったのか知り得ませんが、この話は実に明確に「滾《たぎ》るような熱意」が、「仕事の基本」であるということを示しているのではないでしょうか。

まさに**「熱意」こそが、仕事や人生における成功の第一ボタン。**よくよく心得ておくべきことではないかと思います。

ちなみに、経営担当役員が「それはそれは、おめでとうございます。うちの社長のお陰と言われますが、やはりあなたの実力ですよ。次は役員ですね」と言うと、彼は手を激しく左右に振って、「いえいえ、とんでもありません。私は高卒です。高卒で支店長になったのは私が最初。今でも行内で大騒ぎになっています」と言ったそうですが、3～4年後、その経営担当役員から、「彼ね、東京丸の内支店に取締役支店長で移動しましたよ」と聞きました。

やはり、熱意からすべてが始まる。熱意が能力をつくる。熱意が能力を引き出す。熱意なくして能力は腐朽《ふきゅう》するということでしょう。

◎「熱意」は知恵を生み、行動を生む

熱意があれば知恵も出てきます。行き詰まっても打開の方策を思いつきます。

自分一人では無理だと思ったら、多くの人の知恵を聞こうという知恵が出てきます。

よく言われるように、2階に上がりたい、なんとしても上がりたい。そういう熱意がハシゴというものを考え出すことができる。あるいは、階段をつくることができる。あるいは、多くの人に協力してもらい、人間ピラミッドを組んでもらうことができるのです。

それを、ただなんとなく上がってみたいなあ、という程度では知恵が出てこない。たとえ、ハシゴをつくれば2階に上れるという知恵が出てきても、そのハシゴをつくろうとしない。

2階にどうしても上がりたいという熱意がないと、知恵が浮かんでこないばかりか、知恵が浮かんできてもそれを生かせないのです。

まさに「熱意こそいのち」だということは、絶対に忘れないようにしなければなりません。

◎熱意をもって実践すれば、なんらかの結果は必ず出る

そう言えば、エジソン。あの発明王、トーマス・エジソンです。彼も小学校中退です。知恵遅れの子と思われ、教師に見放されたほどです。その彼が後年、天才と讃えられると、「天才とは、1%のひらめきと99%の努力である」と答えたということです。

そうではなく、「1％のひらめきがなければ、99％の努力は無駄になる」、すなわち努力することは当たり前だが、さらに成功するためにはほんの少しのひらめきが大事だと言ったのだとも言われていますが、いずれにしても、努力や熱意というものを大事にしたことは事実でしょう。

彼は、白熱電球、蓄音機、活動写真、その他数々の発明をしています。現在、私たちの電化製品のほとんどが、彼の発明なり改良なりを出発点にしていると言っても過言ではないかもしれません。

しかし、エジソン自身は、その発明を先天的なもの、あるいは能力によるものではなく、努力、汗、熱意の所産《しょさん》だと言っているのです。

実際、彼がいかに熱意をもって発明に取り組んでいたか、努力していたかを示す話は、枚挙《まいきょ》に暇《いとま》がありません。ひとたび仕事、実験に取りかかると、文字通り寝食《しんしょく》を忘れ、時間を超越してそれに没頭したそうです。

「成功の秘訣は?」と訊かれて、「時計を見ないことだ」と答えたほどです。

夜が来て暗くなり、仕事や実験に支障をきたすことを非常にきらい、それが電灯を発明する大きな理由になったと言われています。

子どものころは知恵遅れと思われた人が、発明王と言われるまでになったのは、やはり熱意につぐ熱意、努力につぐ努力の結果でしょう。

◎能力の前にまず自分の「熱意」を問うてみよ

あなたは自分の能力のなさ、ひょっとすると自分の才能の不足を嘆いて、ことが成就しないことを嘆いていないでしょうか。

もちろん、能力とか才能は、ある程度は必要です。たとえば相撲などでも、横綱になるほどの人は、それなりに恵まれた体力と素質を持っています。また、能力と才能を持っています。

歌手でも、超メジャーになるような歌手ともなれば、それなりの能力、才覚を持っているものです。

しかし同時に、立派な能力、素質を持ちながら、十分な稽古《けいこ》もせず、相撲に熱意を持っていなければ、それほどの成績を上げることはできないでしょう。

歌手も、能力があり才覚があっても、自分に負けない熱意と飽くなき練習がなければ、著名な歌い手にはなれないのではないでしょうか。

ですから、能力の不足を言う前に、高卒だから三流大学卒業だから、と卑下する前に、「滾《たぎ》るほどの熱意」を持っているのかを、みずからに問うてみることが大事ではないかと思います。

人並み以上の熱意こそ、あなたの仕事を成功に導き、なによりあなたの心を満足感と達成感で満たすことになるのです。

誠実である。

11

◎誠実は「信用」を生む

何事においても真心がこもっていること、真面目であることが大事です。

すなわち、「誠実」であることを心掛けなければいけません。

世の中は「信用」で動いています。

誠実であればあるほど、そして何事においても誠の心を持って取り組むとき、そこに「信用」が生まれてくるのです。

仕事が成功するかしないか。人間関係がうまくいくかどうか。これらは結局、あなたが誠実かどうかに帰結します。

誠実こそ、信用の基《もとい》です。

「信用という花は、誠実という種子《たね》で咲く」のです。


名前は聞いたことがあると思いますが、初代熊本藩主の武将、加藤清正《かとうきよまさ》。

文禄《ぶんろく》5年（1596年）、京都で大地震があり、豊臣秀吉の伏見城《ふしみ》も壊れ、多数の死者が出ます。

このとき加藤清正は秀吉の勘気《かんき》（怒り）に触れ、謹慎《きんしん》の身でしたが、「たとえ後で罪を受けても座視《ざし》しているわけにはいかない」と言って、ただちに家来を引き連れて駆けつけ、秀吉の警護に当たりました。その働きに秀吉も大いに喜び、怒りもとけ、再び重用されるようになりました。

清正は、その晩年、「自分は一生の間、人物の判断に心を尽くし、人相まで勉強したが、結局わからなかった。ただ言えることは、誠実な人間に真の勇者が多いということだ」と言ったそうです。

これは清正自身が、多くの部下を用いた体験から得た結論だと思いますが、同時に自分自身がまた、誠実な人でもあったからだと思います。

秀吉が死に、天下の人心がみな徳川家康になびく中で、秀吉の三男、秀頼《ひでより》を守り、二条城での家康と秀頼の会見にも命がけで付き添うなどしています。

終生、秀吉の恩顧《おんこ》を忘れず、豊臣家の安泰のために尽くしたことなども、清正の誠実な生き方を表していると、このエピソードを読んだとき感銘を受けたことを覚えています。

ですから家康も、清正のその誠実さ、謹厳実直《きんげんじっちょく》ぶりに感服を惜しまなかったとも言われています。

結局、誠実な人は誠の心を尽くしますから、いつも正々堂々と赤心《せきしん》（偽りのない心）をもって生きることができるのです。

策を弄《ろう》したり駆け引きをしたりすることで、一時的な成果を手に入れることはできるかもしれませんが、長きにわたって信用を得、活動し、仕事において、人生において大きな成功を収めるなどということはあり得ません。むしろ、後悔することになると思います。

清正がなぜ、その後、家康にとり潰されることなく、肥後《ひご》熊本城主であり続けることができたのか。もちろん、関ヶ原の合戦で東軍（家康軍）に加担したこともありますが、やはり加藤清正の誠実な生き方、信用される生き方を貫いたことにあると思います。

◎自分の「踏み台」をしっかりと守る

誠実であることは、仕事の基本です。

ならば、具体的に、どのようなことを心掛ければいいのか。

一つは、自分で自分の立っている踏み台を壊すようなことをしないことです。

どういうことかと言いますと、気楽な楽屋にいた時代は、言いたいことを自由に言ってもある程度は許されました。時には誇張して、面白おかしく話をしたりします。しかもそれが「ウケる」。ウケると周囲から面白いやつだと人気者になる。
そうなると、針小棒大《しんしょうぼうだい》に、いかに愉快に、いかにウケるように話をするかを考えるようになる。そして話をする。一層「ウケる」。しかし、それは楽屋での話し方。あるいは、楽屋でのみ通用することです。

本舞台で、そのような戯《ざ》れ言《ごと》を言ったとしたら、事情を知らない観客は、それを戯れ言だと思うでしょうか。

おそらく、舞台の物語の中の必要な台詞《せりふ》、必然の言葉として受け取るでしょう。それと同じことで、たとえばあなたが面白おかしく一般社会で、いや酒を呑みながら上司の悪口を言う。

会社の幹部批判をし、いかに自分の会社がダメか、硬直的か、給料が安いかなどと、さほど本気ではないのに、その場を盛り上げるために誇張して話をする。そのときは楽しいでしょう。

しかし、周囲の知らない人たちは、聞くともなく聞いています。あなたの言っていることを小耳にはさみながら、彼らの会社はそういう会社なのかと思う。当然です。

しかし、その結果はどうなるか。

その話を聞いている人たちの中に、優秀な子どもがいる人もいる。その優秀な子が大学を卒業するにあたって就職活動をする。そして、その会社から内定をもらったとします。

父親に相談します。「あの会社に、就職したいんだけど、どう思う？」。

きっと父親は、反対するでしょう。

「いや、あそこの社員が言っていることを聞いたことがあるが、あの会社は社内の雰囲気が悪いらしいよ。経営幹部も能力がないみたいだから、やめとけよ」と言う。息子も「そうか、やめとこうかな」となる。


少し極端かもしれませんが、このように、あなたの戯れ言が会社の評判を落とし、優秀な人材を逃してしまうこともあり得るのです。

結果、できの悪い人たちばかりの集まりとなり、やがてあなたの会社は本当に倒産するかもしれない。それもこれも、あなたの面白おかしくの戯れ言が原因。つまるところ自分で自分の立っている踏み台を壊しているのです。

もちろん、職場批判、上司批判をするなということではありません。完璧な会社、完璧な組織、完璧な上司はあり得ないからです。

しかし、であるとすれば、その幹部に、その上司に直接、正々堂々と言うべきです。酒の場で冗談でウケを狙って言っていると、とんでもない結末になることもあると知っておく必要があります。

◎絶対に手を抜かない——とてつもない成功への一本道

もう一つ、それほど努力をしなくてもそこそこ成果が出るから、適当に仕事をすればいいと考えている人は、誠実な人ではないでしょう。

手を抜く、汗をかかない、適当に取り組み適当なところまでやり、後は理由をつけて他の人に仕事を振ってしまう。これで誠実だと言えるでしょうか。これで職場の仲間の信用を得ることができるでしょうか。努力しない人を周囲が評価するでしょうか。

あらん限りの努力をする。誠意をもって可能な限り力を尽くす。汗を流す。その姿を見て、多くの人が「彼／彼女は誠実だな」と感じるのです。

そういう誠実さ一生懸命さが、あなたの人生にとてつもない成功をもたらすことになるのです。

プロ野球のイチロー選手も、毎日の誠実な過ごし方の結果。毎日の真剣な練習の結果。とてつもない大きな結果を彼にもたらしました。

彼は、「努力の天才」だと思います。「生まれながらの天才」ではない。本人がどのように言っているのかわかりませんが、そう思います。その結果が、彼の信用を生み出し、40歳を超えてもメジャーリーグで活躍できたのです。

誠実であるためには努力すること、努力がまた信用を生み出すことを、心にとめておいてください。

◎自分だけでなく、まず他人のことも考える

誠実であるためには、自分中心にならないことも心掛けるべきでしょう。

誰でも、なにかを考えるとき、あるいは行動するとき、自分を中心にして考えるものです。それは、ある面では仕方のないことです。誰でも自分を起点、出発点にしなければ物事を考えることができないからです。

しかし、そうだとしても、自分はそう思い感じるけれども、この考えや行動が、果たして周囲の人たちのためになるのだろうか、ほかの人たちに迷惑をかけることにはならない

だろうかと考えてみる。

もし、そういう可能性があるとすれば、自分の考えや行動を控えるようにしよう、自分が100丸ごと手に入れるような考えや行動をするのではなく、自分も50、相手も50ということで行動しようとしてみるのです。

そのような言動が、周囲の人から、「ああ、あの人は誠実だな」「彼女は謙虚だな」「あの方は信用できるな」と思われることになります。その結果、思いがけず多くの人からの好意や協力が得られることもあるでしょう。

自己中心的にならず、誠実に相手のこと、相手の立場を考える。これもまた、「仕事の基本」なのです。

◎約束を守る。とくに時間を守る

また、誠実であるためには「約束を守る」ということも大切です。いえ、社会では、この「約束を守る」ということだけで、人が誠実であるかどうかを判断する人もいます。時間を守る。これはとりわけ大事です。

楽屋では、1分遅れようが10分遅れようがそれほど問題はありません。

まして恋人同士なら、それこそ1時間くらい約束の時間を過ぎてしまったとしても、文句を言われたり「遅れたぞ！」と怒られたりはしますが、それだけで関係が壊れるなどということはほとんどありません。

まして、「アイツは不誠実だ。絶交だ」ということにはならないでしょう。

しかし、社会においては、遅刻が致命的になることがよくあります。

それは、楽屋のように時間もアバウト、立ち位置もほとんどアバウトという状況とは違い、周囲も、相手も時間的にタイトな状態で予定が組まれていることが理由です。

そのため、遅刻が「まあ、いいよ。お前はいつも遅刻ばかりだ」と笑いで済まされることはないのです。

極端に言えば、会社は「秒単位」で動いていると言っても過言ではありません。

あなたの遅刻は、相手の時間、予定を狂わせてしまうことになるのです。ですから、時間を守らないだけで、「誠実ではない」という烙印《らくいん》を押され、その瞬間から「信用」という手形を手に入れることができなくなります。

もちろん、アクシデントで遅刻するときもあります。そのときは、すぐにその旨を連絡しなければなりません。今日のようなスマホの時代であればなおさらです。その一つの連絡が、あなたを誠実な人と印象づけ、信用が増すことになるのです。

◎陰で人を批判しない、中傷しない

さらに、陰で人を批判しない、陰口を言わないことも大事です。

当人の前では言わないけれど、いないところでコソコソと批判をしたり、中傷したりする人の話を聞くことがあるでしょう。

おそらく聞いている分には、面白いと思います。へえ、なるほどね、などと思うこともある。しかし、やがてふと、この人は私のこともこういうふうに他の人に言っているのではないかと不安になるものです。

途端に、その陰口を言っている人が人間として極めて不誠実に思えてくる。そして、この人は信用できないと感じ始めるのは、当然でしょう。

人を陰で、本人のいないところで批判し、誹《そし》ることは、不誠実の烙印を押され信用を失い、成功の階段から必ず突き落とされることになります。

陰口は言わない、本人のいないところで中傷はしないこともまた、誠実であることの大事な要素でしょう。

◎言ったことは、必ず実行する

加えて、自分で言うことは必ず実行する。これも大切です。けじめをつけるべきと言いながら、自分は時間も守らない、おカネにもルーズ、人間関係においてもいい加減であれば当然、誠実とは思われません。信用できる人とも思われないでしょう。

誠実な仕事への取り組み。誠実な人生への取り組み。それが「仕事の基本」であること、「仕事の達人」への必要条件であることを、しっかりと心に収めておいてください

12

すぐに反応する。

◎「素早い反応」は人に評価される基本

すぐに反応するとは、文字通り打てば響くこと。働きかけにすぐに反応するということです。

仕事でもプライベートでも、指示にすぐ取り組んで結果を出すことです。

これは「仕事の基本」のうち、最も簡単なことと言えるかもしれません。すぐ対応し、結果を出し、報告すればいいからです。

どうして、このようなことが会社や組織の中で求められるかというと、指示したり、依頼したり、あるいは意見したほうは、その指示したこと、依頼したこと、意見したことに対して強い関心を持っているからです。

期限として、3日後に、あるいは1週間後に報告してくれ、結果を持ってきてくれと伝えていても、心の中では「どうなっているのかな、どこまで行っているのかな」と気にかかっているものだからです。

あるいは、なにか意見をしていたら、それが相手にどう受け止められたのか、心に残っているものだからです。

そのように気になっているところに、自分が指示した期限より、あるいは想定していた期限より早く報告を出してきたり、結果を出してきたということになれば内心、「よくやってくれた」「なかなかできるヤツだ」と思うものです。あるいは、「意見しても素直にとらえてくれていたか」と密かに評価するのは当然でしょう。

まして、自分が予想していた以上の内容や対応であれば、なおさらのこと。上司として高く評価するのは当たり前です。

過日も、若い友人にある調査を依頼しました。初めてなので、果たしてどれほどの日数がかかるのか、数日はかかるだろうか、どれほどまで調べてくれるのだろうかと案じていました。

ところが、なんと翌日の夕方に電話がかかってきて、「正式なものは今から書類で投函しますが、とりあえず概要だけご報告いたします」と言う。

こちらは、「えっ！　もう調べてくれたの」と嬉しく、「で、調査結果は？」と言うと、「これこれこういうことです。もう一つ付け加えますが、そういうことですから、○○○については気をつけておかれることをお勧めします」とアドバイスまでしてくれる。

気になって調査を依頼しただけに、翌日の夕方に返事、しかもアドバイスまでと思うと、「この若い友人、すごいなあ、できるなあ、能力が高いな」などと思ったものです。

そして、これからは彼に仕事を頼むことにしよう、彼に相談することにしようと、心に決めたものでした。

◎反応の速さは、相手の意表を突く

若い営業マンが、得意先の会社回りをしていたそうです。そのとき、ある会社を訪ねると、社長が大層ご立腹でした。

「キミのところの製品は、お客に評判が悪い。私はキミの説明で、いい商品だと思って仕入れることにしたが、お客様が実際に使ってみると使いにくいと言う。それで私も実際に使ってみたが、お客の言う通りだ。キミは使ってみたのか。口先だけで商売をせよと、キミんところの社長は教えているのか。まったく使い勝手が悪い。このような商品をつくるなど実に生意気、おこがましい。もっと簡単な物をつくる会社に変えるように。帰ってキミのところの社長に言っておけ」

と、吐き捨てるように言います。

営業マンは恐縮し、大汗をかきながら会社に戻ると、すぐにそのままを社長に報告しました。

すると社長は、「今から、その社長に会おう」と言って、その営業マンを連れて社長を訪問すると、深々とお辞儀をし丁重に詫《わ》びるとともに、改善、改良を行うことを説明、約束しました。

すると今度は、相手の社長が驚いた。

「いやあ、お宅のこの営業マンが、すぐにそのまま、私の言った通りをあなたに伝えるとは夢にも思わなかった。それに、すぐあなたがお詫びに来るとは、いや恐れ入りました。失礼しました」と逆に詫びる。

一緒に行った営業マンが、「二人の社長が、かわるがわる頭の下げっこだった」と言っていましたが、あとは雑談、笑い話。この一件があって以来、それまで以上の取引きになったと聞きました。

この場合、この営業マンがすぐに反応したこと、また、その報告を受けた社長が間髪《かんぱつ》をいれずに、これまたすぐ反応したこと。その結果が事態を好転させた。あるいは、「怒り」

を「笑顔」に変えたと言えるでしょう。

この営業マンが、言いにくい報告しにくいと躊躇《ちゅうちょ》して、2〜3日後に報告したり、もしくは報告しなかった場合には、どういう結果になっていたか。

あるいは、報告を受けても社長がすぐに対応せず、数日後にある会合で会うから、そのときお詫びしておこうなどと考え、すぐに反応していなければ、このような「いい結果」「逆転の結果」を得られることはなかったと思います。

◎すぐ反応する、速い、は事業でも求められる

この稿を書いている今、宅配便が届きました。

この宅配便は、ヤマト運輸の小倉昌男さんが、1976年に「宅急便」の名称で、民間初の個人向け小口貨物配送サービスを開始したのが始まりです。

以降今日まで伸び続け、2016年度の宅配便等取扱個数は、40億1861万個。前年比7・3%増でした（国土交通省調べ）。大手宅配便も5社。ヤマト運輸の宅急便、佐川急便の飛脚宅配便、日本郵便のゆうパック、西濃運輸のカンガルー便、福山通運のフクツー宅配便、その他も16便を数え、合計21便もあります。

どうして、このように40年ほどの間で急速に増え、また取扱個数が増加したのかと言えば、もちろん丁寧で、手軽で、安全などが理由ですが、やはり、なんと言っても「速い」からでしょう。

それまでは、郵政省管轄の郵便小包か、旧国営会社の日本通運に荷物を運んでもらうなどの方法しかなく、その荷造りの方法や荷札のつけ方まで決められ、かつお役所仕事もあって、かなりぶっきらぼうに対応されて嫌な思いをしたものです。

なにより、いつ先方に届くのかがわからない。4～5日、ときに1週間もかかるという状態でした。私の記憶では送り主から連絡があってから、なんと2週間以上経っても届かずに、母親が嘆いていたことがありました。

しかし、今は翌日、かなり遠い所でも2日で、たいていは確実に届きます。いわば宅配便は、「すぐ反応する」ということです。「すぐ届けてくれる」ということです。

丁寧で正確だけれども、いつ着くかわからない。あるいは5日も10日もかかるというのなら、これほどの市場の拡大はなかっただろうと思います。

「すぐ反応する」ことが、事業においていかに求められるか。

それぞれの仕事を担当している宅配会社の社員の人たちが、いかに素早く対応しているか、さらには経営者が、いかに迅速に輸送ができるように、作業のロボット化、オートメーション化に心を砕いているかがわかるというものでしょう。

だからこそ、宅配便が拡大し続け、また海外にも進出し、それぞれが世界的企業に飛躍しつつあるのだと思います。

◎「仕事ができる」と言われる人は正確で速い

上司が部下に仕事を頼む。頼んだけれど、なかなか返事がない。連絡がない。反応がない。場合によっては、指定した期限が過ぎても報告どころか、なんの連絡もない。

なんとなく不安に思っているところに、頼んだ人が報告に来る。しかし、報告を聞きながら、コイツはちょっと仕事が遅いな、などとと思いながら聞くことになる。いくらよい報告でも、社内の階段を一段でも上らせようという気持ちにはならないでしょう。

一応、報告を聞く。そして、その人が部屋を出ていく、その後姿をちらりと見ながら、もう一度心の中で呟きます。「仕事が遅い。切れ味が悪いな」。

「仕事ができる」と思われるような人は、仕事が正確で、スピードがあるものです。

これは、たとえば「礼状」でも同じことです。

商談で訪問を受ける。そして訪問者から、その礼状がすぐに届く。翌日か翌々日には届きます。あるいは1時間もしないうちに、メールで「とりあえずですが」と入ってくる。「会っていただき、ありがとうございます」とか、「お時間をいただき、また適切なご指導を賜り、ありがとうございました」と送られてくる。


これほどすぐに反応するのか。そうか、商談の結果は一応ペンディングにしたが、前向きに考えてみるか、という気持ちにもなるというものです。

なぜなら、つい先ほどの話ですから、印象が深い。余韻《よいん》がある。

その商談のときの残像が頭の中にあるからです。もちろん、礼状をすぐに出したとしても、必ずしも商談成立となるわけではありません。

ですが、「礼状の速さ」が商談成立に結びつくこと。あるいは商談成立の決め手になるケースがあることは、経験的に言えます。

まさに「1か月後の礼状より、翌日の電話」なのです。

◎昔から勝負を分けるのは「スピード」

このように、「反応の速さ」「すぐ反応する」ことが、勝負の決め手になることは今も昔も変わることはありません。

あの秀吉が、備中《びっちゅう》高松城（岡山県）を水攻めにし、毛利《もうり》軍の清水宗治《しみずむねはる》と対峙《たいじ》しているときの、天正《てんしょう》6年6月2日未明に京都で「本能寺の変」が起きます。

明智光秀が、織田信長を急襲し討ち取ったのです。

秀吉は、その情報を、6月3日夜か4日の朝に知ると、何食わぬ顔をして、即日、清水宗治を切腹させる条件で毛利方と和睦《わぼく》。

翌5日、毛利方の動きを見極め、6日には高松城から、すぐに取って返して、本能寺の変の後、なんとわずか11日後の6月13日、明智光秀と京都山崎で対峙しています。

世に言うところの、「中国大返《おおがえ》し」、あるいは「備中大返し」です。

その間の距離200キロ。実に一日70キロ移動したときもあったと言いますから、信じられない速さで山崎に到達しています。

200キロといえば東京から静岡県藤枝までの距離、車で走っても東名高速道路経由で、

3時間ほどかかります。軍勢は2万とも3万とも言われていますが、徒歩の時代ですから、まさに電光石火とはこのことでしょう。

光秀は、まさか秀吉が、そのような速さで、わずか11日で戻ってくるとは思いもしませんから、信長を討った後、あちこちの大名に味方につくようにと勧誘状を送っていました。

そこに突然、秀吉が現れ、駆け抜けてきた勢いそのままに襲いかかってきたのですから、負けるに決まっています。

呆気《あっけ》なく光秀は戦いに敗れ、ご承知の通り、逃れる途中、京都山科《やましな》で落ち武者狩りの百姓に竹やりで刺されて深手を負い、自害します。

この例に限らず、秀吉の勝利は多くの場合、「速さ」によるところが大きいと思います。いわば、変化の事態に「すぐ反応したこと」、これが一つの、いや最も大きな勝利の要因だったということです。

◎すぐ反応する人には、余裕がある

「すぐ反応する」人は、仕事の進め方も素早い。次々に処理していきます。

ですから、仕事に余裕ができる。極端に言えば、いつでも新しい仕事を受け入れる「空《あき》の場所」がある。

ですから、忙しいようで、次々に仕事を引き受けて対応できるのです。「仕事は、忙しい人に頼め」と言われるのはそのためです。

すぐ反応しない人、できない人は、処理できずに対応していない仕事が溜まりに溜まっています。そういう人に仕事を頼めば、いつ仕上がるかわかりません。ひょっとしたら数か月かかるかもしれない。

いずれにしても、**「すぐ反応する」人が勝者となり、「すぐ反応すること」が「仕事の基本」**だということは、当然、みなさんも思っていることだと思いますが、念のため書きとどめておきます。

13

「同じ話を聞く力」を持つ。

◎同じ話をするのには、意味がある

同じ話を何度も聞かされる。またその話かと思う。

そう思うのが普通でしょう。しかし、それでいいのかとなると、必ずしも是《ぜ》とは言えないかもしれません。

なぜなら、**上司や経験者が同じ話をするのは、あなたに一番気になっていることを言っているから**なのです。何度言っても真意を理解していないから、同じことを言うのです。

よく、上司がいつも同じ話をすると言って、ブツブツ不満を言う人がいます。それは、とりもなおさず、あなた自身が何度言われても同じことをしているという証拠。言われたことができていない証拠なのです。


上司が、なぜ同じことを言うのかを考えず、不用意に不満を言わないほうがいいかもしれません。

あなたの能力の浅さを周囲に言いふらす結果になるからです。同じことを言われない部下になる。そこが「仕事の基本」です。

ある創業者（相談役）が何度言っても、会社を引き継いだ社長が理解しないことがありました。

会社の経営理念が、すべての基本。それを社内になお一層徹底せよと言っても、社長は、「今ごろなにを言っているのか。わが社は世界的企業。また、経営理念は社員はそれなりに理解している」などと軽く受け止め、一向に対応しようとしない。

相談役は何度も同じことを言う。

時代の動きが、これからは秒速で変化する。よほど経営理念を全社員に浸透させておかなければ、経営の方向を見失い、拠《よ》り所を見失い、一瞬のうちに会社は衰退すると言い続けました。

しかし、社長はわからない。

「蟻《あり》の一穴」という諺がありますが、巨大な堤防でもちょっとした亀裂で瞬時に壊れ、洪水になる。だからこそ今、さらに一層、経営理念を浸透させる必要があると考え、社長に指示しますが、鈍感な社長は理解できませんでした。

だから創業者たる相談役は、繰り返し同じ話をした。

結局、数年後には相談役が案じた通り、2年間で1兆5000億円の赤字を出すほどに衰退してしまいました。

そのとき、なぜ相談役が同じ話を自分にするのかということを、その社長が理解する能力があれば、数年後の巨額な赤字、そして衰退はなかったでしょう。

「同じ話を聞く力」が、いかに大切か。この力を持っていることが、「仕事の達人」だということを知っておいてもいいのではないでしょうか。

◎繰り返される話は、その人にとって一番関心のあること

もちろん、上司の言うことをしっかり処理し、結果を出し、上司も評価したにもかかわらず、同じことをまた繰り返し話すということもあります。

別に、仕事の指示ではないのですが、同じ話をする。そのときに、またか、などと思うのでは、その上司を超えることはできません。

この話を何回もするということは、上司は今、このことに最も関心があるのだなと、とらえることができるかどうかです。

実際、人は誰でも今一番関心のあることを繰り返し話すものです。

たとえば、友人が車を買った。どういう理由でその車種を選んだか。その乗り心地はど

うなのか。そんな話を、友人から繰り返し聞かされた経験のある人は少なからずいると思います。

ですから、上司が同じ話、もしくは同じような話をするということは、上司が今最も関心を持っていること、興味を持っていることです。あなたは上司と別の場所で雑談するときなどに、その話に関連する話題を持ち出せばいいのです。

その話を、直接持ち出して、さらにその先を聞いておくのもいい。そういうところを押さえて、新しい仕事に取り組んでいく。上司からの指示も、上司の最大関心事を前提に報告する。あるいはレポートを提出する。

それが「プラスアルファの仕事」（28ページ参照）にもなります。

上司は指示していないけれども、それ以上の報告をする。報告書を出す。そういうあなたを評価しないはずはありません。なかなかできる部下だと心の中で思います。そういうことが積み重なって、やがて確実に、着実に、仕事の能力が上がっていくのです。

◎同じ話でも、日々の成長で違って聞こえる

もう一つ、「同じ話」ということで付け加えておきますと、昨日、聞いた話を今日も聞

いて、また同じ話だと心の中で顔をしかめるとすれば、あなた自身が成長する熱意がないということを、自覚しなければならないでしょう。

たとえ一日でも、「日々之新《ひびこれあらた》」。自分の心の成長があるとすれば、同じ話でも感じ方、とらえ方、理解の仕方が違ってくるものです。

みなさんが子どものころ、果たして童謡などを聞いて育ったのかどうかわかりませんが、以前は子どもたちは童謡とか唱歌を聞いて育ちました。その多くの童謡を、子どものころは無邪気に覚え、歌っていたものです。

たとえば、野口雨情《のぐちうじょう》という人の作詞による「七つの子」という童謡があります（作曲は本居長世《もとおりながよ》）。ご存知かもしれませんが、その冒頭に「からす　なぜなくの　からすはやまに　かわいいななつのこがあるからよ」とあります。子どもの頃は、山の中の巣にいる烏の親と烏の子を思いながら、歌っていたと思います。

しかし、大人になって、ふと「ななつのこ」の「ななつ」は七羽のことなのか、七歳のことなのかと考えるようになりました。

要は、子どものときと大人になったときでは、同じ童謡でもとらえ方や関心が変わっているということです。

それ以外の童謡も、いろいろと調べたりしましたが、随分と残酷な内容の童謡が多いということがわかります。あるいは、結構恐い言葉が使われている。

たとえば、「てるてるぼうず」の三番の歌詞は、「てるてるぼうず　てるぼうず　あしたてんきにしておくれ　それでもくもってないたなら　そなたのくびを　ちょんときるぞ」。よくまあ、子どもの頃には平気で歌っていたものだと思います。

このように同じ童謡でも、気持ちや興味、関心が変わってくると、違った面が見えるのです。

童謡だけではありません。小説でも同じこと。たとえば、夏目漱石の『こころ』は、高校生時代に一度読みましたが、なにか推理小説でも読んでいるような感じがしたものです。

しかし後年、読み返してみると、人間のエゴと弱さに惹きつけられ、また、このごろ読んでみると、誰もが持っている苦悩や葛藤《かっとう》、そして、悲しさ、寂しさというテーマが頭の中を駆け巡る。

さらに、その究極の解決は「死」なのか、「自殺」なのか」……などというように、同じ夏目漱石の『こころ』でも読むたびごとに、年齢によって感じ方が変わってきます。

いろいろと、書き記してきましたが、**同じ話をされる、同じ指示が出される。それを「同じ」ととらえることが、とりもなおさずあなたが成長していないことを意味している**と考えてみてください。

たかが一日で変わるものなのか、と思うかもしれませんが、百合《ゆり》の花でも、朝、固いつぼみであったものが、その午後にはいっぱいに花開くものです。まして心の花であれば、一瞬のうちに、そうです瞬間に花を変化させ、成長させることはできるはずです。

同じ話から、そのつど、より深い理解ができるように自身の成長に努力する。より本質を把握できるように研鑽《けんさん》をする。そのようなあなたになれば、「仕事の達人」への道をさらに一歩踏み出すことになるでしょう。

また、そのようなとらえ方をすることが、「仕事の基本」だということです。ぜひ、心の中にしまっておいてください。

14

ため口で話をしない。

◎なぜ、ため口は嫌悪されるのか

ため口で話をする。

若い人たちの中には、相手との距離を縮めるためだ、親しみを表すためだと言う人がいますが、おそらく小さい組織はともかく、それなりの組織においては、先輩から、上司から、すぐに無視され、潰《つぶ》されることを覚悟しておくべきでしょう。

ところが、この頃は、そのような若い人のみならず、結構な大人にも見受けられます。こうした人たちは、まさに虚栄の塊《かたまり》、劣等感があるようです。距離を縮めるというより、相手の人よりも立場が低い人に限って、ため口の物言いをする。

初対面で「あなた、なにやってるの？」「えっ？　あ、そう」「私はね、こういうことを頼まれて、まあ仕方ないからやってるのよ」「そうだね」「私は違うね。えっ？　知らないの？」などと、相手が丁寧に挨拶をしているにもかかわらず、それを遮《さえぎ》るかのように、先制パンチでもかましておこうという思いなのか、上から目線で話してくる。

相手は、そのような人を、心の中で嫌悪感をもって、とりあえずはその場を過ごしますが、「もう、この人とは二度と会わない」どころか、「この会社と取引するのはやめておこう」などと思っていたりするものです。

ため口という言葉の始まりは、そう昔ではないようです。60年ほど前の1960年代に、不良少年の隠語として始まったらしいです。ということは、ため口をきく人は、老いも若きも「不良少年の話し方」をしているということです。

ちなみに、不良少年という言葉。もう、死語になって、知らない人もいるかもしれませんので、辞書を引用しますが、「不良行為をする少年、非行少年、一定の事由があって、その性格・環境に照らして将来、罪を犯し、または、刑罰法令に触れる恐れのある少年、いわゆる虞犯《ぐはん》少年」です。

◎礼を重んずる日本で、ため口は通用しない

ここでは、将来、大きく飛躍する可能性のある、そして、社会で大いに活躍してもらわなければならないあなたのために、また、「仕事の基本」として、ため口がいかに「仕事の達人」への道の妨げになるかを述べておきたいと思います。

とりわけ初対面のときは、相手がどのような立場で、どのような考え方をする人か、わかるはずもありません。日本の社会は、良し悪しは別として、「丁寧」「謙虚」がDNAとして、多くの人たちに浸み込んでいます。

よく「長幼の序《ちょうようのじょ》」などと言われます。

儒教のいう「五倫《ごりん》の徳目」の影響だとか言われますが、聖徳太子の「十七条憲法」の第四条に「礼をもって本とせよ」とありますから、「礼」は日本精神の一つと言っていいでしょう。

それに付随する「丁寧」「謙虚」は当然、日本人の心の中に沈潜《ちんせん》していることは間違いありません。そのような日本の組織で「ため口」が通用するはずがないことは知っておくべきです。

「こないだ、あんたから指示してくれた件ね、いろいろやってみてるけどさ、できないというか、結局、あんたの指示さ、雑《ざつ》じゃない？　言う通りにやってるよ。時間が足りないよ。もうオレ諦めるからさ。ほかの人にやらせてよ」

先日、55歳で退職し、鉄の数倍の強度のプラスチックをつくる実験をする会社を起業した経営者が、そのような話し方を若い社員からされて驚いたと話していました。

「びっくりしましたよ。初めてですからね、そんな話し方をされるのは。今までの会社ではまったく経験がありませんでした。それで、悩んでいるんです」と言います。

こちらも、そのような若い人がいるのかと内心驚きつつ、「で、なにを悩んでいるのですか」と訊くと、「彼を辞めさせようかどうしようかと。しかし入社させたばかりですからね。面接のときに、多少口のきき方が気になりましたが、なにせ、なかなか応募してくる人がいないものですから」とぼやく。

「どうしたらいいでしょうね」と言う。

「その人、すぐ辞めさせたほうがいいですよ。彼がその後に入社してくる人たちの先輩になるわけですから、後の人も彼に染まっていく。そうすると社風が乱れ、社会的にも評価を落とし、信用を失い、せっかく起業したのに守勢で失敗となり、倒産の憂き目を見ることになると思います」と言うと、その社長は辞めさせる決断したようでした。

数か月後に社長に会ったので訊いてみると、彼には辞めてもらったということでした。

「で、その後、どうですか」と尋ねると、「いや、面白いものですね。すぐにいい人材が入ってくれました、偶然でしょうが。それで今、8人の会社ですが、取引先からも信頼され、お陰様でゆっくりですが業績が伸びてきました」と喜んでいました。

◎丁寧な言葉を使うことが、仕事の出発点

ため口を言うのは、相手との距離を縮めるため、あるいは親しみのためだとしても、少なくとも、組織の上司には、どんな状況であってもため口はだめです。

また、最初に会い、話す場合も、まず丁寧語で話し始める。丁重に挨拶する。敬語を使う。「丁寧」「謙虚」に話し出す。それが初対面の人と接する心得です。

そのような、あなたの態度に気を悪くする人は、まずいないでしょう。

相手もそれに応じて、たいていは丁寧に話をする。その後、次第に打ち解けてくれば、けじめをつけながら、親しい話し方をする。そして回を重ねるうちに、お互いの気心もわかってくる。

そのとき、場合によっては、けじめをつけたため口は許されるでしょう。

丁寧な言葉を使うことが、いい仕事を仕上げる一つの出発点です。ため口を使うことは、仕事を失敗させる出発点。これは経験的に言って、確かなことです。

確実に「仕事の達人」になろうと思う人は、こういうことに細心の心配りをしていくべきです。

そういえば、一時、あのビートたけしさんが、ため口をきく若手タレントに苦言を呈して、話題になったことがあります。

ため口をきく若手タレントを「ふざけんな！　コノヤロー、マネージャーを呼んで来い。誰に口きいてるんだ！　お前のような馬鹿、見たことがない」と一喝したそうですが、当然のことでしょう。

人間としての最低の作法を知っているのか知らないのか、とにかくこのため口で話す若い人たちが多いことが気になります。

人の呼び方にしてもそうです。

先ほどのビートたけしさんを、「ビートたけし」とか、「たけし」と呼び捨てにする若いタレントがいるとすれば、ビートたけしさんではなく、おそらくディレクターなどに潰され、瞬く間に業界からいなくなるでしょう。

落語の柳家小三治師匠に直接、小三治さん、あるいは小三治と呼ぶ浅薄な若い落語家がいるとすれば、必ず消えていくでしょう。
敬語をはじめ、話し方は「仕事の基本」です。
とくに、ため口は、基本的には絶対に使うべきではありません。

15

上司の先回りをする。

◎指示の先を読み、軽々と対処する

「彼／彼女は、仕事ができる」

よく耳にする言葉です。

仕事ができるとは、引き受けた仕事を素早く、指示通りに、そして的確に、涼しい顔をしてやり遂げていくということ。

どのような仕事も上司からの指示を受け、その指示の先を読んで、いかにも簡単そうにプラスアルファの仕事をする人のことを「できる人」と言います。

突き詰めるなら、それは先を読む力というか、先見力があるということだと思います。与えられた仕事や上司の指示に対して、いかに早く、深く理解し、さらにその結果のいくつかをいかに予測するか。

「1」のことを言われたとします。それに対して「わかりました」と、1だけを処理するのではなく、その先にどのような可能性があるのか、危険性があるのか先読みをし、それぞれにどう対応したらいいのかまで考える。

諺に「一を聞いて十を知る」とありますが、そのような心掛けで仕事に対処していくことは、極めて大事なことではないかと思います。

◎仕事は、できる人に合わせて進んでいく

学校などでは、授業は平均的な生徒に合わせて進められるのが普通です。以前、それが行き過ぎて生徒全員の成績の評価に、《3》をつけた教師が話題となり、批判されたことがありました。

今は、そのような極端な平均主義は是正されてきているようですが、基本的には40人クラスであれば、上位5人、下位5人を除く真ん中の30人を基準にして、この30人が理解できる程度に合わせて授業が行われています。

上位の5人の生徒たちには授業内容がたとえ物足りなくても、あくまでも中位30人のマジョリティが中心になっています。

しかし、会社ではそうではありません。

ビジネスの世界は、そのような中位の平均的な社員に合わせた仕事の進め方ではなく、つねに上位の人材に合わせて仕事を進めます。

業界の中で会社自体が熾烈《しれつ》な競争をしているのですから、そのような平均的社員に合わ

せて経営をしていたのでは、とても競争に生き残っていくことはできません。

会社の「授業」は、上位の人たちに合わせて進められます。そのような厳しさがあることを承知しておいてください。

◎言われたことを完遂し、さらに先を考える

上司からの指示を即座に咀嚼《そしゃく》、理解し、それを瞬時に実行に移す。そして、頭をフル回転させ、その指示の先を読む。そこが大事です。それが「できる人材の必要条件」です。

上司から、「取引先を訪問する。今回の商談は絶対に成立させなければならない。キミも一緒に来てくれ。ついては資料等を準備しておいてほしい」と指示されたとします。

あなたは、可能な限りの資料を、可能な限りわかりやすく正確に、上司が説明しやすいように万全を期して取り組むでしょう。

さあ、できた。上司に作成した資料を届ける。

上司は資料を見終わると、眼鏡の上からあなたを見て、満足げに「いや、よくやってくれた。うん。これでいいだろう。ここまで説明すれば、相手の担当役員もハンコを押してくれる。ありがとう」と言ってくれる。

しかしここで、あなたが「よかった。上司も満足してくれた。あとはお供をして行くだけだ」と思ったとするならば、それは「優秀な部下」ではあっても、達人の仕事とは言えません。

「仕事の基本」を押さえたことにはならないのです。なぜなら、あなたは上司に言われたことを完璧に仕上げ、上司を満足させたけれど、「その先」を読んでいません。上司の先回りをしていない。

そこで終わらずに、「今回の商談は、絶対に成立させなければならない」と言った上司の言葉を受け止めて、資料を仕上げて満足するだけでなく、いくら完璧な資料を揃えても、商談がまとまらなかったときはどうするか、と思いを巡らせてほしいのです。

先読みし、「不成立の可能性の予測」をするのです。

「これで、うまく商談がまとまらないときには、どのような巻き返し策が考えられるか」「そのときには、どんな手を打つか」、というようなことまで準備し、考えておくことができるかどうか。

上司からは指示されていないが、そのとき上司に訊かれたら、「こういう提案をしてみよう、こういう考えを話してみよう」と考えて用意しておく。

こういう仕事のやり方が、「上司の先回りをする」ということであり、このような先読みをすることが、「仕事の基本」でもあります。

◎先を読むことには、利点しかない

昔、船場の自転車屋で丁稚奉公《でっちぼうこう》していた人が、後に語っていたことがあります。

お客が主人と話し込んでいると、よく「オイ、タバコを買ってきてくれ」と頼まれる。

それで一生懸命走ってタバコ屋に行き、タバコ1箱を買ってくる。

そんなことが、毎日のように続く。そのたびに自分の仕事が中断させられるのだから、困るし面倒だった。

それならばと思いついたのが、10箱まとめ買いして店に置いておこうということ。まして、その当時は10箱買うと1箱をおまけにつけてくれた。要するに11箱を10箱の値段で買えるわけです。

そうして、お客から「たばこを買ってきてくれ」と言われたら、時間をかけずに「はい、どうぞ」と差し出すのです。

「お客さんが喜んでくれたね」と笑っていました。「それに1箱余分についているから、面倒は省けるし小遣いは稼げる。随分と愉快だったよ」と話してくれました。これも、仕事の先読み。

今まで通りの、「タバコ屋に走る、時間がかかる」ではなく、お客の「先回り」をして、タバコを10箱まとめ買いするだけで二つのメリットが手に入ったのです。この人が、12、13歳の頃の話だと言いますから、そのような少年がよく先読みできたものだと聞きながら感心したことがあります。

ご存知の豊臣秀吉が、木下藤吉郎として信長に仕官したのは、17歳の頃です。初めのうちは、まだ信長の下足番のようなことをしていたようですが、冬の寒い日、信長が出てくる。藤吉郎が草履《ぞうり》を揃える。

信長が、履《は》く。履いた途端、草履が温かい。

信長は藤吉郎の顔を怒りに満ちた表情で睨みつけ、「おのれ、わしの草履を尻の下に敷いて座りおったのか。許さん」と激怒すると、藤吉郎が「いえいえ、さようなことはいたしておりません。お館《かた》様がお出ましになられるときに、このような寒い日、お足元が冷たくてはと存じ、この藤吉郎の懐《ふところ》に入れて少しでも温まればと」と言って、懐を開いて見せると、そこには砂や土が残っていた。

それを見た信長は、「これからも励めよ」と言うと出かけて行った——という話を、あるいは聞いたことがあるかもしれません。

もちろん、この話は後世の作り話かもしれませんが、「先を読む」「上司の先回りをする」とは、こういうことです。

草履の番をし、主《あるじ》が出てくれば、さっと揃える。仕事としては完璧。しかし、それだけでは「ただの優秀なヤツ」で終わるでしょう。おそらくこのときの秀吉の行為は、信長の記憶に深く刻まれたと思います。それは、その後の信長の秀吉に対する寵愛《ちょうあい》ぶりを見ればわかるのではないでしょうか。

先を読んで仕事をして、それが効果を発揮すれば、この話のように上司や同僚の記憶に確実に残ります。「仕事の達人」の領域を目指すのであれば、この基本をつねに考えてみてください。

◎結果を出すために必要なのは、技術だけではない

かつて、日本のマラソン界を背負っていたランナーがいました。

世界的にも知られたトップランナーです。

彼の走り方は、最初からトップを走るランナーのすぐ後ろにぴたっとついて走り続ける。トップが替われば、またその入れ替わったトップにつく。そして最後に、スーッとトップを追い抜くという、まことにスリリングかつ鮮やかな勝利に国民は酔いしれ、歓喜したものでした。

その彼が、あるテレビ番組、今で言えばワイドショーのような番組に出ていました。このときインタビュアーから、次のような質問を受けました。

「日々、トレーニングの中で、練習法その他で、なにか監督さんから注意を受けたり、叱られたりすることはありませんか」

すると彼は即座に、「私は、監督から注意を受けたことも叱られたこともありません」と言う。

「私は監督が考えている、つねにその先の先を読んで練習していますから、練習のこと

で叱られることはないですね」

この話をすると、さまざまな反応がありますが、この答えにいたく感銘を受け、これこそ超一流のランナーだと感動したことを思い出します。

監督にいちいち、ああだこうだと言われる。言われてようやく気づく。しかも気づいてもなかなか行動に移さない。そのようなことでは名選手にはなれません。

天才プレーヤーという言い方をよくしますが、それは体力やその技術だけの問題ではない。そうしたプレーヤーはやはり、先を読んで今やるべきことをやる力を持っているのです。先読みの力があるから、今準備して、今から手を打つことができる。

そうすることによって、取り組む仕事、立ち向かう人生のほとんどにおいて大きな成功を収めることができるのです。このマラソンのトップランナーの言葉は、まさに仕事の基本をしっかりと教えてくれていると思います。

◎頭の中で、つねにシミュレーションを

付け加えておきますが、先の先を読むためには、つねに考え続けていなければなりません。

この仕事がこの先どうなるのか、今の進め方でいつ終わるのか、この仕事が終われば次はどう動くのか。

思い通りに成功しなかったときには、どうするか。

間に合わないとすれば、どう対応すべきか。

つねに「次なる可能性、危険性」を考え、「シミュレーション」を頭の中で巡らすことでもあります。


2018年、前人未到の「永世七冠」を達成した将棋の羽生善治《はぶよしはる》さんと史上初の二度の七冠独占を果たした囲碁の井山裕太《いやまゆうた》さんが、国民栄誉賞を受賞しました。

素晴らしい偉業に、驚嘆と惜しみない拍手を送りたいと思います。

その羽生さんですが、周囲の人たちは「彼は1000手先を読みながら駒を動かしている」と言います。それに対して、1000手ではなく1000通りだろうと言う人もいます。

1000手先でも1000通りでも、素人にはどちらでもすごいと思いますし、要は相当の先を読みながら、今この一瞬の駒を指していることは確かでしょう。井山さんも、今この石を置くのにやはりかなり先まで読んで置いていく。

いわゆる、先読みをするために仮想し、いろいろなシミュレーションをし、相手の手によってまたシミュレーションを組み替える。そのような緻密な作業を頭の中で繰り返していると思います。そうして「将棋の名人」「囲碁の名人」になることができるのです。先を読むことの大切さがよくわかります。

彼らと同じことで、今取り組んでいる仕事を単にこなしていくのではなく、つねに次の状況を考えながら取り組んでいく。なにより上司の指示の先を考えて取り組む。上司の先回りをする。そのような仕事の進め方が、「仕事の基本」です。

16

目標を立てる。

◎「目標」は充実した人生のために絶対に必要

目標を立てる。大事なことです。

目標がなければ、そもそも人生を充実して歩むことはできません。

人生とは、たった一本の後戻りすることができない道を歩み続けるということ。もちろん、どの一本道を歩こうがそれぞれの人の自由ですが、しかし、どのような道であれ、目標がなければ生き甲斐《がい》もやり甲斐も生まれてきません。


目標がなければ、今日ただ今、なにをしたらいいのか、なにをすべきかということも決められず、迷い犬のようにただ辺《あた》りをウロウロしているだけということになります。とても充実した、満足した日々にはなりません。

目標がない、目標を持っていない人ほど、人生の最期に「自分の人生は、ついていない人生だった」「つまらない一生だった」、あるいは「いったい自分は、生涯なにをやったのだろうか」と、呟《つぶや》くことになるでしょう。


人生は、目標を持たなければ絶対に充実させることはできないと、経験的に思います。

後戻りできない一本道を充実感、満足感、納得感をもって歩きたいなら、しっかりと自分の目指すべき目標を持ち、その目標に向けて全力で生きていくほうがよいと思います。

そして、同じ人生であれば、暗い道や間違った道を歩くのではなく、明るい道や正しい道を堂々と歩いてほしいし、できれば多くの人に喜んでもらえるような、そして貢献できるような目標を持ってもらいたいと願います。

◎人の評価を気にせず、目標に向かうべし

あなたが仕事を嫌いになり、虚しさを感じるというようなことがあれば、それは、上司や職場に問題がある以上に、あなた自身にあることが多いと思います。

「暗い暗いと不平を言うよりも、みずから明かりを灯《とも》しましょう」という言葉を聞いたことがありますが、やる気を失い、虚《むな》しさを感じるのは、案外、自分自身に原因があるのかもしれません。

あなた自身が「明確な目標」を持っていないところに原因がある場合が多いのではないかと思うのです。

与えられた仕事を、ただ指示された通りにこなし、ただ指示された通りの結果を出していくだけでは、あなたは、やがて「自分はなんのために毎日、仕事をしているのだろうか」と虚しくなるはずです。

そうなるのは「目標」がないからです。

目標がなければ、そうなってしまうのです。

それは、なにも「天下を変えよう」とか、「世界人類を救おう」というような目標である必要はありません。

もちろん、そのような目標を立てる、持つということも、それはそれでおおいに好ましいことですが、そうではなく、もっと身近な、たとえば、「早寝早起きをする」ということでも、「仕事で失敗しても他人のせいに絶対にしない」「博士号を5年以内に取る」というようなことでもいいのです。

いわば、「願望」をしっかりと「目標」に変える。そして目標を立てたら、その目標に向かって敢然と、信念を貫いてひたすら努力していく。

他人の評価はまったく気にする必要はありません。

勝海舟《かつかいしゅう》ではありませんが、「毀誉《きよ》は他人の主張。我に与《あずか》らず、我に関せずと存じ候」（批評は他人が言うこと。自分には関係ない）です。批判したい人はどうぞご勝手に、どうぞご自由にという思いで目標に向かって邁進《まいしん》していく。

そこに、あなたの仕事に取り組む「美しさ」と「人間的魅力」が生まれ、かえって多くの人が感銘を受け、確実に「仕事の達人」に成長していくことができるのです。

◎目標は「何物にも負けない生き方」をもたらす

江戸時代の中期から後期の頃、伊勢の宇治山田に、月僊《げっせん》（１７４１〜１８０９）というお坊さんがいました。絵を描くことに優れ、現在も相当な金額で作品が取引されているようです。ところが、このお坊さん、欲が深いというか、カネに汚いというか、とにかく評判がよくありませんでした。

絵を描くときは必ず値段を言う。当時は、絵描き（画家）のほうから値段を言うのは珍しかったようで、あの有名な池大雅《いけのたいが》も、その貧乏なときでさえ自分の描いた絵の値段を言うようなことはなかったそうです。

そのような時代に、月僊が自分のほうから値段を言い、いくらくれたら描こう、くれないなら描かないと言いますから、悪評が立つのは当たり前。

次第に「乞食月僊」と言われ、「欲深坊主」と言われるようになります。

しかし月僊は、一向に気にする様子もなく、相変わらず「金をくれたら描く」「5両くれたら引き受ける」などと言うのです。


あるとき、芸者が月僊を辱《はずかし》めてやろうと悪巧《わるだく》みをします。

「5両で絵を描いておくれ」と言うので、月僊はもちろん「はいよ」と引き受けます。芸者は最初から悪巧みで頼んでいますから、「描き上げました」と知らせを受けると、自分がお座敷に上がってお客を接待しているところに持ってこさせます。

月僊が絵を持って座敷に入るのですが、その芸者は知らんぷりで、いくら月僊が声をかけても三味線を弾くばかり。見向きもしない。

そこで、月僊は、みずから床の間に自分の描いた絵を架けます。それでも芸者は絵を見ようともせず、三味線を弾き続ける。

仕方がないから、「あの〜、このようにご注文の絵ができました。5両を頂戴したいのですが」と声をかける。すると突然、芸者は三味線を弾くのをやめて、「5両、5両と言うて、うるさい坊さんやな」と罵声を浴びせる。そして床の間に行き、先ほど月僊が架けた絵を荒々しく外すと、「欲たらしい坊さんの描いた絵よりも、私の腰巻のほうがよほど気品が高い」と言うやいなや、着物の裾《すそ》をまくって赤い腰巻を抜き取ると、それを床の間に架ける。

客たちはそれを見て大笑い。ところが月僊は表情一つ変えず、「5両をください」と言い続ける。芸者は、「図々しい坊さんやな。さあ、持っていきなさいな」と言いながら5両を投げつける。

ばらばらと5両が座敷にばら撒かれる。それでも月僊は、「ありがとうございます」と言いながら一枚一枚拾い、懐に入れて帰ります。

こういう様子ですから、その月僊の噂が江戸時代を代表する文人画家・京の池大雅の耳に入る。

その大雅が、なにかの用で伊勢に出かけたとき、月僊に会って、「あなたは相当な絵を描く。大層上手な絵を描くのに、なぜカネ、カネと欲が深いのか。絵の値打ちも下がりますぞ」と諭《さと》しました。

すると月僊は、おもむろに正座すると、静かに、凛《りん》とした声で、「実は、私は三つの願《がん》（＝

目標）を立てました。その願を実現するためにはおカネが必要なのです。多くの絵描き（画家）は、名を上げよう名声を得ようとか、絵の値打ちを高めようとか考えているようですが、私はその願のために少しでもカネを貯めたいと思うのです」と話し始めます。

月僊の、その三つの願とは、一つは、師匠が本堂の再建を志していたが、どうしてもできず、それを苦にしながら死んだ。その師匠の思いを、代わってなんとしても実現したい、成し遂げてあげたいということ。

二つ目は、下宮から内宮に詣《まい》る途中に、間《あい》の坂があるが、あの辺りは非常に道が悪い。その道普請《ぶしん》（＝道路工事）をして、諸国からの道者（＝参拝者）が安全に楽に歩けるようにしたいこと。

三つ目は、伊勢にはたくさんの乞食がいるが、たとえ一人でも二人でも、私の描いた絵で儲けたカネを配って堅気《かたぎ》に（＝真面目な仕事に就くように）してやりたいこと。

月僊が、しみじみと語る三つの願（＝目標）を聞いて、さすがの池大雅も深く感動し、恐れ入って引き下がったということです。

◎目標を立てると、今なにをすべきかが明確になる

目標を立てると、この月僊のように人間としての毅然《きぜん》さ、迫力が生まれるだけでなく、なにより、今なにをすればいいのかがわかります。

三つの願のために、月僊は今やるべきことがわかっていました。ですから心が迷わず、その目標を見据えて進んでいくことができる。そこに、「千万人と雖《いえど》もわれ往《い》かん」（孟子）というような絶対的強さが生まれるのです。

そして、自分で納得する成果が得られ、それだけでなく多くの人たちからも結果として評価される。評価されるだけでなく、「この者、ただ者にあらず！」ということになり、あらゆる場面で重用されるようになるでしょう。

付け加えると、目標を立て、それに向かっていくためには、なぜその目標を立てたのかが明確でなければなりません。

「ただなんとなく」では、目標達成のための懸命な努力も生まれてこないでしょう。力弱い取り組みとなり、ほどなくその目標も達成意欲もフェードアウト（自然消滅）してしまいます。ですから、「目標を立てる理由」が明確であることが大事です。

さらに、その目標を達成するために、どのような段取りを考えるか、どのような手順を踏むか、どのようなペースで目標に近づいていくか。そのような、段取り、手順、スケジュールというものも大事になるでしょう。

要は、目標を立てるということが大事。しかし、それだけでは不足で、なんのためにその目標を立てたのか、どのような考えで取り組むか、加えて、目標に向かっての段取り、手順、ペース配分を考えなければ、目標だけを立てても達成は不可能だということです。

このようなことが、自然に行えるようになったとき、あなたは、「仕事の基本」を身につけた、自他ともに認める「仕事の達人」になるでしょう。

目標を立てるということは、仕事の、人生の航海で目指すべき港を決めること。目指す港を決めずに出航する船はありません、ぜひ目標を立て、会社や人生という海で確実な航海をされることを祈っています。

17

信念を持つ。

◎信念を持つと、そういう人として認められる

「信念と継続だけが全能である」と言ったのは、マクドナルドの創業者、レイ・クロックです。

信念とは、なにかに取り組むさいの座標軸。生き方の座標軸です。

仕事で成功したいと思うならば、絶対にこの考えは守り抜く。人生を後悔したくないと思うならば、絶対にこの思いは譲らない。

もし、それに反するようなことをしなければならないときには、命を絶つ。それほど強い自分自身の言動の物差しが「信念」というものです。

こういう信念をしっかり持って、仕事にぶつかっていくことによって、あなたは信念のある付和雷同《ふわらいどう》しない人物として認められます。

仕事では、その時々によっていろいろな苦しみを受けることもあるでしょう。しかし最終的には、表彰台の一番高い所に立ち、多くの「観衆」から割れんばかりの拍手を受けながら、大きく手を振って応えるようになることは間違いありません。

◎270年前の〝信念〟の人物

行財政改革というと、必ずと言っていいほど上杉鷹山《うえすぎようざん》と恩田木工《おんだもく》の二人の歴史的人物の名があがります。

上杉鷹山については別の機会に触れたいと思いますが、恩田木工。

時代は九代将軍徳川家重《いえしげ》の頃、1750年前後です。信州、今の長野県の松代《まつしろ》藩は、家臣の贈収賄が横行。その上、千曲川の洪水や地震の被害も大きく、藩の財政は極度に窮《きゅう》乏《ぼう》していました。

16歳の藩主・真田幸弘《さなだゆきひろ》は、重役の末席にいた39歳の恩田木工を藩政改革の責任者に任命します。

もちろん、木工は辞退しますが、幸弘は、「わが藩の窮乏は幕府にも知れわたっており、たとえ汝の力及ばずして財政の建て直しができなくても、汝の失態とはならぬ。この際、辞退に及ぶは不忠というものであろうぞ」と言います。

何度この話を聞いても、この言葉が16歳の人の言葉かと感銘を受けますが、それだけではなく、幸弘はこう言葉を継いでいます。

「自分も若いし、恩田も若い。それゆえ、汝ら老臣の協力が必要である」

信じられない、実に巧みな、老臣たちが非協力的にならないような言葉で「押さえ」をしています。組織の長たる者はかくあるべしという模範のような「押さえの一言」と言えるでしょう。

◎信念のために、近親者を遠ざける

その幸弘の言葉で、木工は引き受ける決心をします。そして、家族、親類、家の子郎等《ろうとう》を一人残らず集めて、ことの次第を述べ、

「このような大任なれば、一同ぜひなきことと覚悟されたい。すなわち、まず拙者の女房には、暇《いとま》を遣《つか》わすゆえ、直ちに実家に帰るがよい。次に子どもたちは、勘当《かんどう》（＝親子の縁を切る）するゆえ、いずれへなりとも立ち退《の》くがよい。なお親類は、以後義絶《ぎぜつ》（縁を断つ）するゆえ、さよう心得てもらいたい。最後に、家来どもには残らず暇をくれるゆえ、どこへ奉公しても勝手である」

と話をします。

当然、突然の話にみな納得せず、親類衆は「ご内儀《ないぎ》、子ども衆、家来などに、いかなる不行《ふゆ》き届《とど》きがあってのことか」と詰め寄ると、木工は「いや、不行き届きなどはまったくない。けれども、これから拙者のなさんとすることに、邪魔になるから離別するのでござる」と一言。

「木工殿は狂気なされたのか。たとえ破滅寸前の当藩とはいえ、大任を仰せつかっただけでなんの不始末もないものに親類を義絶し、女房を離別し、子どもを勘当し、家来に暇を出し、以後は一人で暮らす所存とは、いよいよ狂気の沙汰」と激怒します。

このとき木工は、その思いを語り始めます。

「わけを話したとて、一同は納得すまいと思ったのでなにも言わぬ決心だったが、拙者は以後、どのような事情が生じても、虚言《うそ》は決して言わぬことにした。それを藩の内外に宣言しなければならない。

ところが、拙者に最も近い女房、子ども、親類、家来が虚言を一つでも申せば、あれ見よ、木工の申せしことも、今までの重役と変わらぬ。信頼できぬと言われること必定《ひつじょう》。そのようなことでは改革など思いも及ばぬゆえ、忍び難きを忍んで、義絶の決心をしたのである。

たとえば、拙者は、毎日、飯と汁だけ食べるのみ。着物はあるものを着、使えなくなれば木綿にする。そのように過ごそうと決めているが、そうなれば、みなみなが、その通り行えるか。少しは虚言を言って、こっそりなにかを食べたかろうし、なにか木綿以外のものも着たいであろう。

虚言を言わぬことはなかなか難しく、常人にはとてもできぬこと。ゆえに離縁を申しつけたのだ」

と語ります。

そうすると、夫人は、「その通りにいたしますゆえ、離縁はお許しください」と言う。子どもも、「虚言は絶対に申しません。飯と汁だけで過ごします。どうぞ勘当はしないでください」。

家来たちも「飯と汁だけで、また給金もいりません」。そこではじめて木工は、自分の申し付けたことをすべて取り消し、「虚言を言わぬこと」を確約させ、妻、子ども、親類、家来をそのままにします。

その上で木工は、百姓、町人を集め、

「絶対に虚言は申さぬことを約束する。年貢の未納分は棒引きにする。その代わり、藩が前納、前々納を強いていた年貢代については棒引きにしてほしい。これからは前納、前々納は求めることはしない。だから、毎月月割りで納めてくれ、それ以上のことは決して求めない。年貢滞納の督促もしないし、督促のための足軽の接待もしなくていい。必要最小限の土木工事以外、無料の労働奉仕はしなくていい」

というような改革を次々に断行していきます。

領民は、約束は絶対守られる、ならば我々もと約束を守る。

年貢は確実に納められるようになり、賄賂も必要なし。無意味に土木工事に駆り出されることもなく、藩の行財政改革は確実に健全化していきます。

この恩田木工の「絶対に虚言を言わない」ということが、木工の「信念」であり、その信念によって、「領民の絶対的信頼」を得、藩全体で行財政改革に取り組み成果を上げていくのです。

「信念」の力と大切さを、よく理解できたのではないかと思います。

◎信念は人を惹きつけ、成功の扉を開く

信念の内容は、人それぞれです。

恩田木工は「絶対にウソをつかない」を信念としましたが、戦国武将の毛利元就《もうりもとなり》は「百万一心」を、また、松下幸之助さんは「人間大事」を、本田宗一郎さんは「絶対に人に迷惑をかけない」を、またスティーブ・ジョブズは「ハングリーであれ。愚《おろ》か者であれ」を信念にしています。

信念は、多くの人を惹きつけ、信頼され、信用されるために必要不可欠の条件です。

どのような状況になろうと、どのような苦境に立とうと、自分の「信念」に命を賭けるときに成功の扉が開くのでしょう。

たとえ身が滅びても、必ず未来に、歴史に名を残し、「生き続ける」ことになると思います。

◎信念を持って仕事をする、ということ

学生の頃、ある講演会に石油会社の社長を招いたことがあります。

そのときの社長の話は、「志を持て」という内容であったと記憶していますが、それ以上に深く感銘したのは、後日、その石油会社の人事担当役員が「ご苦労さん会」を開いてくれたときのことです。生まれて初めての神楽坂で芸者を上げての緊張する食事会になりました。

そのことはどうでもいいのですが、そのとき、その役員が呑みながら、「いや、もうあと2か月で会社を辞めますよ」と言うのです。

びっくりしていると「実は、この一年間で私が責任者となって人員整理をしてきました。相当な数の社員に辞めてもらいましたが、つらかったですね。それで私も辞めようと。社長からは残ってほしいと強く言われていますが、やはり辞めることにしています」と淡々と話をする。

「えっ？　お辞めにならなくてもいいのではないですか。社長もそう言われているのですから」とびっくりしながら言いました。

すると、「いやいや、いくら社長が残れと言っても、私は多くの社員の、いわばクビを刎《は》ねてきたのです。かわいい社員のクビを。その私が残ってノウノウと禄《ろく》を食《は》むのは人間として恥ずかしいと思うのです。部下のクビを刎ねた以上、私は切腹すべき、いや、しなければ彼らに申し訳ない。私はね、清水次郎長の言葉が好きでしてね」と言います。

急に清水次郎長の話が出てきたので、今もなお印象深く記憶しています。

「その次郎長が、自分のために死ぬ子分はいないが、自分は子分のためにはいつでも死ねる、ということを言っています。それを私の信念として、社長の下で人事の仕事をしてきました。そういうこともあってか、ありがたいことにクビにした社員も辞めないでいいと言ってくれます。ですが、私は私の信念に従って、やはり2か月後に辞めることにしています」

そのとき初めて次郎長の言葉を知り、調べてみると、山岡鉄舟から「お前のためならと、命を投げ出す子分は、いったい何人いるか」と訊ねられると、次郎長は即座に「一人もおりません」と答え、すぐに「しかし、あっしは子分のためにはいつでも死ねますぜ。自分の命を子分のために投げ出すことはお安い御用です」と言ったというエピソードがありました。

それから、このエピソードを折に触れ、話したり書いたりするようになりましたが、そのきっかけは、この石油会社の人事担当役員の話からです。

石油会社の役員が、このような話をしたのは「2か月後に自分は会社を辞めるよ」と私たちに告げるためではなく、

「仕事をしていくときには、信念を持つことが大事。そして、それを守り抜くことが大事。それが人間として、また仕事をする上で大事なことだよ。これからキミたちは就職して社会人となる。そのことをしっかりと心に刻んでおきなさいよ」

ということを教えてくれたことがわかったのは、就職して数年経ってからでした。

その後、退職したその役員とは音信不通となり、どうされたのか知る由もありませんが、「人間としての美学」を教えていただいたと今も感謝の思いでいっぱいです。

今日の自分があるのも、この役員のお陰と思うことがあります。

◎信念は、自分の道をしっかりと歩くため

仕事に取り組むにあたっての信念がない。

人生において信念がない。

それでは、この人間はなにをするのか、あちらと思えばこちらに動く。こちらに動くかと思えば、また別のところに動く。

そのようなふらふらしている人間には、やはり重要な仕事を任せることはできません。状況が変わるたびに、言うこととやることに一貫性がない。そういう人間が多くの人から信頼されることはあり得ません。

イソップ寓話《ぐうわ》に「ロバを売りに行く親子」という話があります。

ロバを飼っていた親子が、そのロバを売るために市場に出かけます。

2人でロバを引いて歩いていると、道をすれ違う人が「馬鹿だな。せっかくロバをつれているのに乗りもせずに引いて歩いている。もったいないことだ」と言う。

なるほど、それもそうだと思い、父親は子どもをロバに乗せる。

しばらく行くと別の人がこれを見て、「元気な若者が楽をして親を歩かせるなんて、随分ひどいね」と言う。

また、なるほどと思い、今度は父親がロバに乗り、子どもが引いて歩く。

また別の人が、「自分だけ楽をして子どもを歩かせるとは、悪い親だ。一緒に乗ればいいのに」と言いました。

またまた、それもそうだということで、今度は2人でロバに乗っていくことにします。

まもなくすれ違う人が「まあ、2人も乗って、ロバがなんてかわいそう。もっと楽にしてやればいいのに、無慈悲な親子だ」と言う。

それではということで、ちょうど狩りの獲物を運ぶように、1本の棒にロバの両足をくりつけて吊り上げ、2人で担《かつ》いで歩き始めます。

しかし、4本の足を縛られ、棒を通して担がれたロバは、ちょうど橋の上で暴れ出し、暴れたロバは川に落ちて流されてしまい、結局、親子は苦労しただけで1文《もん》のおカネも得られなかった、という話です。

自分の信念がないと、つまり、こういうことになるのです。

自分の中に確固《かっこ》たる信念がなければ、まっすぐに歩くことができない。いつも他人の考えに左右され、仕事の道を、人生の道を、ただ彷徨《さまよ》うように、ふらふらと歩かなければならなくなります。

他人の意見や考えを聞くことはもちろん大切ですが、しかし、それは自分の中で噛み砕き、自分の考えに照らし合わせてこそ活きてくるものなのです。

他人の考えを鵜呑《うの》みにする、自分の信念もなく、他人の考えをそのまま受け入れていると、「橋の上からロバが川に落ち、流され失う」ことを、心にしっかりととどめておくべきではないかと思います。

信念を持って、信念を貫く。それが「仕事の基本」であることを、心の中に収めておいてください。決して、「虚言」ではないことを、実感すると思います。

18

真似て、学んで、独自をつくる。

◎誰もが、真似ることで成長してきた

学ぶことが大事。よく言われることです。

しかし、学ぶためには、まず先輩や先人の行動を真似《まね》することから始めなければなりません。なぜなら、人は誰でも、最初から独創的なものは身についていないからです。

子どもが言葉を覚える――。

両親が話しかけ、あるいは周囲の大人が話しているのを聞き、それを子どもが真似ることで言葉を覚えます。ですから日本の子どもたちは日本語を話し、イギリスの子どもたちは英語を話します。

二本の足で立つのも真似るからです。「立つ」ということも決して先天的なものではないようです。１９２０年にインド西ベンガル州で発見された2人の少女は、幼児期に親に捨てられ、オオカミに育てられたということが発見した牧師の記録に書かれています。

それが事実かどうか大いに議論があり、否定説が主流ですが、以前に写真を見た記憶では、保護された当初は四つん這いで歩いている様子がわかります。

幼児も、周囲の大人たちを真似て立とうとし、歩こうとする。

確かに、赤ん坊から幼児期までは、親や周囲の大人がやることを幼児は真似しています。やがて自我が出てきて自分を主張するようになりますが、とにかく最初は真似ることから。人はその中で、いろいろなことを学んでいくのです。

◎最初は、先輩や上司を「真似よ」

「まなぶ」は「まねる」という言葉から変化したものだという説明には、これまた多くの説があります。

「まなぶ」から「まねる」という言葉になったのだとか、「まな」は「まこと」「誠」「真」であり、「真に似せる」「誠を知る」ということだ、と説明する人もいます。

いずれが正しいかは大事ではなく、「まなぶ」前に「まねる」ことから始めないと、結果として大成しない、あるいは大きな成果は得られないことは確かなようです。

ちなみに、「習う」は「並ぶ」という言葉が語源という説があります。確かかどうか素人にはわかりませんが、「教えた人のレベルに並ぶ」ために「習う」というのだという説明には、なるほどと思います。

ルーブル美術館などに行くと、もちろん許可をもらってのことでしょうが、会場のあちこちで名画を模写している画家の卵のような人たちを見受けます。

書道でも同じで、名筆と言われる中国東晋時代の書家、王羲之《おうぎし》の字を模倣《もほう》したりすることは昔から行われていました。

ある有名な世界的建築家は、若い頃、絵でもなんでも模倣し、書き写していたそうです。ですから今も、建築の依頼があると図面よりなにより最初に模型をつくる。それで、ああでもないこうでもない、いやここをこうしよう、などとやっていくうちに、彼の独創的な建築となって実現しているそうです。

彼の現在の地位は、なんでも真似る、書き写す、模写するところから出発しているのです。

仕事でも、個人的な考えはあるでしょうが、とにかく最初は先輩や上司の仕事ぶりを真似ることから始めたほうがいいのではないかと思います。

あれやこれやと考えず、先輩のやり方、上司の仕事の進め方を真似る。

もちろん、公序良俗に反するようなことを真似るべきではありませんが、少なくとも20代の間は、先輩や上司の指示通りに動く、真似ることが大事です。

先日、同期の友人と雑談していると、自分は最初についた上司に影響を受けて今でも感謝していると言っていました。

彼の最初の上司は、会議があると必ずホワイトボードにそれぞれの人の意見や論点を書いていく。あるいはスケジュールの話になると、さっと横線を引いて日付を書き、次々と予定を書き込んでいく。

そして、友人の彼に書き写させておいて、会議後、その記録をコピーして参加者全員に配布する、というようなことを指示していたそうです。

「このやり方はいい勉強になったね。その会議では、目で合意の確認をし、そしてコピーで再確認させるようなものだから、後から言った言わないという文句は誰からも来なかったし、スムーズに仕事が進んだ。自分は後年、どの部署の課長、部長になっても、そのやり方を真似て会議や打ち合わせをしたから、確実にうまくいった。このごろも、あちこちで話をすることがあるけど、ときどきホワイトボードを使って話すのはその上司の影響だな」と笑っていました。

◎30代になったら、「真似る」から「学ぶ」へ

しかし、「真似る」こともいつまでも続けているようでは、あなた自身が成長しません。30代になれば、今度は「学ぶ」ように心掛けることが大事です。

「学ぶ」ことは、20代で真似て習得したことを出発点にして、自分の考えや思いをつけ加え、あるいは真似たものを吟味し、自分なりに改善改良することです。

いつまでも上司や先輩を真似る「基本」にとどまっていては、それ以上の「人材」になることも、その上司や先輩を超えることも不可能です。

そこで30代では、自分の工夫、自分の知恵を付け加えなければなりません。いわゆる「一工夫」をする必要があるということです。

「ベンチマーキング」という経営手法があることは、ご存知だと思います。最も優れた競合会社の製品やサービスやプロセス、マネジメントに学ぶという手法です。

ベンチ（作業台）に足をのせて、その足形をマークして靴をつくることから、そう呼ぶようになったとか、ベンチにマークをつけて、そこを基準にしたことから言われるように

なったなど諸説ありますが、以前はそのようなことをするとサル真似だと言われました。今は、他社のいい製品、売れる製品が出ると、すぐに取り寄せ、どのようにつくられているのか、どのような性能なのか調査・研究して、その製品以上のものをつくり出すことを目指すようになりました。

そのいい製品、売れる製品を土台にして、さらに自社のアイデアを付け加えて、他者を超えた製品をつくり、「他社を追い抜く」のです。

そのようなベンチマーキングという経営手法が言われるようになってからは、むしろそこから出発する商品開発が主流になっています。

仕事でも、いつまでも上司や先輩の真似を続けているようではいけません。**30代になれば、知恵をつけ加えたい**ところです。

たとえば商談で、上司のやり方は数枚の資料を持って行くスタイル。順にページをめくりながら丁寧に説明する。「……ということですから、ぜひ、この商品を取り扱っていただきたいのです」という話の進め方だとします。

しかし、あなたが30代になれば、自分なりの説明の仕方を考えなければなりません。

同じ内容であっても、あなたの場合は、たとえば最初の1ページで結論を説明する。「結論を申し上げますと、この商品を取り扱っていただきたいということです」と言って、「と申しますのは……」と、詳細な内容を端的《たんてき》に説明するなどの工夫をします。

上司の説明はいつも30分ほどかかっていたけれど、あなたの説明は15分ほどで終わる。しかも、相手の記憶に残るように「一工夫」する。

このように、「自分なりの一工夫をする」「自分なりの知恵をつけ加える」ことが、「学ぶ」ということなのです。

◎40代になったら、「独自をつくる」

真似て、学ぶ。しかし、それだけで「仕事の達人」になることはできません。

やはり、あなた独特の仕事の進め方、マネジメント方法をつくり上げていかなければ、あなたは「あなた」ではないということになります。

真似て、学んで、あなた独自を、どのようにつくり出すか、それはあなたが40代になってからになりますが、その心づもりはしておかなければなりません。

その心づもりがなければ、40代に入って急に独自のやり方をと言われても、つくり出すことは不可能です。

「守破離《しゅはり》」という言葉を聞いたことがあると思います。

この言葉は、世阿弥《ぜあみ》の『風姿花伝《ふうしかでん》』にあると言う人がいますが、それは間違いです。

『風姿花伝』にあるのは「序破急《じょはきゅう》」という言葉です。

「序破急」というのは、雅楽《ががく》とか能や浄瑠璃《じょうるり》においても、いろいろ説明されるそうですが、たとえば、芸能の速度の三区分のことで、「序」はゆっくり、「破」は中間、「急」は速く、ということ。

言いかえれば、「起承転結」と言いますが、「起承」が「序」、「転」が「破」、そして「結」が「急」だと説明する人もいます。

それはともかく、「守破離」です。

この言葉は、江戸時代中期の茶人、川上不白《かわかみふはく》という人が、その著『不白筆記』で書いているらしいと教えてもらったことがあります。

おそらくそうだろうと思います。茶道を習っている人はおわかりになるでしょうが、最初は先生の言う通りのやり方を繰り返し練習します。

お茶碗、茶筅《せん》、帛紗《ふくさ》、棗《なつめ》（薄茶器）、茶杓《しゃく》の扱い方、あるいは飲み方など、基本通りの作法を何回も何回も練習し、その基本を身につけます。

それらを身につけると、次第に自分なりの動き方を加え、それが自然に行えるようになります。

そして、その後、その基本を踏まえながら、まるで基本を押さえていないかのような、その茶人独自の作法ができるようになる。

あたかも茶道を知らないような、しかし、見ていると様《さま》になっているというか、振る舞いが美しい。この過程が「守破離」。

以前、茶道界の重鎮と言われるような先生と、茶道の家元を訪ねて出かけたときの話です。

家元に会う前に、立礼《りゅうれい》の席（いすに座って行う茶道の手前）に通され、お薄《うす》（薄茶）を出されたことがあります。

その先生の茶碗の扱い方、飲み方は、茶道の作法の基本をまるで知らないのではないかと思われるような所作でした。しかし、その流れるような動きに驚嘆したことがあります。

さすが、さすがと帰り道、車の中でその話をすると、「いや、茶道は難しく考える必要はありません。楽しむものですよ」と重鎮の先生に言われたことを、今でも思い出します。

抽象画の創始者は、ロシア出身のカンディンスキーと言われていますが、抽象画と言えば、「ゲルニカ」「泣く女」などを書いたピカソでしょう。

ピカソの描いた抽象画。「これなら、自分も描ける」と思う人もいるかもしれません。

しかし、それは浅薄の極み。

彼の初期の作品を見ればわかる通り、実に写実的です。それが「青の時代」を経て、そしてわれわれが観る抽象画が生まれてきている。

まさに「守─破─離」。基本ができていて、そしてその基本を下敷きにしながら、「青の時代」を創り、最後はピカソ独自の抽象画の世界を完成させている。多くの抽象画家の作品と比べても、すぐにピカソの作品だとわかる独自の画風をつくり出したのです。

そういう「守破離」、「真似て、学んで、独自をつくる」という過程を得て、超一流の存在になるのです。

仕事においても同じです。

20代のうちは、まだなにも知らないのですから、基本を真似して、完全に自分のものにしてください。

30代は、新しいやり方や、他業種の手法などを学んで一工夫をし、違うやり方で進める力をつけてください。

そして40代以降は、どこにもなかったもの、やり方をつくり出す時代です。

この仕事の基本を押さえて、あなたも「仕事の達人」になってほしいと願っています。

19

昨日の自分と比較する。

◎他人と比べても、成果が上がるわけではない

他人のことが気になる。人情として当たり前のことです。

「彼は自分より能力がある。どうも彼には勝てない」

「彼女は店長に評価されているみたい。それに比べると私はそうでもない感じがする」

「あいつは、手抜きで仕事しているのに上司がほめるとは信じられない。腹が立つ」

と羨《うらや》んだり、あるいは、

「彼は、仕事がうまく進まないと言って悩んでいるけど、そのまま会社を辞めてくれればいいのに」

「えっ？　取引先の担当者から文句が来たって？　マネージャーが激怒している。面白い。どうなるのだろう」

などと、ほくそ笑んでいることもあるでしょう。

かように、人はいつも周囲を気にします。同期や職場の同僚の行動を気にするものです。

同期と比較して、同僚と比較して、仲間と比較して、それで劣等感を味わうのもいいと思います。逆に優越感に浸《ひた》るのもいいかもしれません。

しかし、劣等感にせよ優越感にせよ、その根底にあるものは「嫉妬心《しっとしん》」です。その嫉妬心が、あなたを蝕《むしば》んでいることを知っておくべきです。

もちろん、嫉妬心がまったく悪いとは言いません。嫉妬心が皆無の人には、向上心がありません。自分を成長させようという意欲もありません。しかし、それは適度の嫉妬心であるべきでしょう。

松下幸之助さんが「嫉妬は、こんがりと、きつね色に焼く程度がいい」という名言を残していますが、確かに焼き過ぎはいけません。真っ黒に焼く愚かな嫉妬心は、身を焼き焦がすことになることを知っておくべきです。

嫉妬ごときでわが身を焼き尽くすような愚かなことは、「仕事の達人」にならんとする人はすべきではありません。

嫉妬心は、同期と比較する、同僚と比較する、周囲と比較することによって生じるものです。

考えてみてください。**嫉妬心には、「自分」がありません。「自分」を見つめる目がない。**ただただ自分をしっかり見つめないままに、自分と他人とを比較しているのです。

そして、愚かな劣等感に、あるいは愚かな優越感に浸る。自分を成長させようという思いにはいたらない。それでは、あなたは「仕事で成功」していくことはできません。

◎他人ではなく、自分と闘うことでしか成長しない

こんな話があります。

入社同期が400人。そのうちの1人が運よくその会社の社長に目をかけられます。彼の能力は、取り立ててのものではありません。しかし、非常に仕事に熱心、情熱を持って仕事に取り組んでいました。昼も夜も構わず社長からの指示があれば、極めて迅速に対処していました。

そういうことですから、その社長は、ことあるごとに彼を呼び、次々に新しい仕事を与えます。それどころか36歳の若い彼に、最も大事にしていた事業を託しました。

彼は、なお一層、昼夜を問わずその事業経営に取り組みます。業績はみるみる上がり、周囲も驚くような成果を上げ、事業を大いに発展させました。

ところが、それを同期は嫉妬するのです。

仲間は妬《ねた》む。周囲は折につけ邪魔をする。戸惑《とまど》う彼をその社長だけが絶対的に彼を支持

してくれたそうです。そのお陰で彼は、信念を貫いて事業を仕上げていきました。

その頃、彼の話を聞いたことがありました。彼は、

「自分は指示された事業経営を最高に仕上げることだけしか考えていないから、同期がどう言おうと、仲間からどのように言われようと、周囲がどんなに中傷しようと、彼らを意識するつもりはないし、だから彼ら自体を見ることはしません。自分の信念を通して、社長からの期待以上の成果を上げる努力をしていこうと思っているだけです」

と言っていました。

そして一言、「私の闘う相手は彼らではありません。自分自身です。彼らはどうでもいい。自分は信念を貫いて自分と闘う。自分が成長するために自分と闘う。そういう思いで、これからも仕事に経営に取り組んでいくつもりです」。

その話を聞きながら、改めて他者と比較していく生き方の愚かさと、それはとりもなおさず、敗北者の生き方なのだと思ったものでした。

他人は、あなたの人生の責任者ではありません。

あなたが、あなたの人生の責任者。

であるとすれば、**あなたは自分をどう成長させていくか、責任を持たなければなりません。他者と比較する必要はありません。**

この彼が言うように、「闘う相手は他者ではない。自分と闘うこと」によって、自己の成長が成し遂げられるのです。

要は、「昨日の自分と比較すること」が大事だということです。

自己成長のために、他者を参考にすることはあっても、他者と闘う必要はない。他者が勝とうが負けようが、あなたにはまったく関係のないことを肝に銘じておくべきだと思います。

◎毎日少しでも、昨日と違う自分になる

「日に新《あら》た」という言葉があります。

よく耳にする言葉ではないでしょうか。この言葉は仁慈《じんじ》の心を持って善政を行ったと言われる、中国の殷《いん》王朝を開いた湯王《とうおう》が、自分の使用する洗面盤に「苟《まこと》に日に新たに、日々に新たに、又《また》日に新たなり」（苟日新　日日新　又日新）《大学》という言葉を彫って自戒

したという、その言葉です。

日に新たという心掛けを実践していくことが大切で、ほんとうにそれを行えば、次々と自分が新しくなっていく、成長していくという意味です。

毎日、昨日の自分とどこが違っているのか。昨日の仕事のやり方とは違って、今日のやり方は新しい工夫がされているのか、昨日の考えと今日の自分の考えでは、どこに違いがあり、より充実しているのか。

そういう、「昨日《きのう》の自分と今日《きょう》の自分を比較する」ことも「仕事の基本」です。そして、これを繰り返していくことが「仕事の達人」に近づく方法なのです。

アメリカの雑誌に載った笑い話だったと思いますが、ある夫婦が、家庭で感謝祭のためにローストターキーをつくっていました。夫が見ていると、妻が七面鳥のお尻の部分をバッサリ切り落としてオーブンに入れている。

夫は不思議で仕方がない。丸ごと入れればいいのに、どうしてそんなもったいないことをするのか。そこで妻に聞きます。

妻は「お母さんから教えてもらったの」。しかし、夫の不思議な思いは消えません。そこで義母に電話をします。「ハッピー・サンクスギビング」と挨拶してから、「あのお、つかぬことを伺いますが……」とその理由を聞くと、「ああ、それはね、おばあさんから教わったの」と。

そこで、おばあさんに電話をします。尋ねると、おばあさんが驚いて、「なにしてんのよ。馬鹿だねえ。それは私のオーブンが小さかったからよ。あなたのところのオーブンは大きいから、丸ごと入るでしょう」。

笑い話でしょうが、話としてはよくできていると思います。

しかし、この笑い話を笑って済ませることはできません。おうおうにして、このような過ごし方をしていないでしょうか。一昨日《おととい》と変わらぬ昨日《きのう》、昨日と変わらぬ今日。

◎同じことを、いくらしっかりやっても成長しない

もう一つ、これは実際にあった話ですが、ある社長が特許をとった製品は、好評を博し、売れ行きも順調に伸び、その製品を製造している工場もフル回転。2年近く経って、多忙で行けなかった社長は、その工場を視察に行きました。突然の視察に、工場長は慌てながらも社長を案内します。

案内しながら、「社長、やはり社長はすごいですね。特許をとられた製品がまだよく売

れている。さすがですね」と言いつつ、その製品を取り上げて見せました。見せた途端、社長の表情がみるみる厳しい顔つきになるや、激怒に変わります。

「キミは、この2年間なにをしていたのか。なにを考えてこの製品をつくっていたのか。この製品は私が考えた最初の製品となにも変わっていない。そのままの製品だ。キミは、この製品のどこにいるのか。この2年間に、キミの工夫はこの製品のどこにあるのか」

この社長の激怒は、当たり前でしょう。

日に日に新たに、それぞれの人が、昨日と違った一工夫加えた仕事をしていくところに成長があるのです。社長が怒ったのは製品が変わっていないということではなく、その工場長が昨日の自分と競争していない。昨日の自分と比較していない。まったくの成長停止に怒りがわいてきたのではないかと思います。

毎日が同じ自分。まったく変わらぬ自分。そのようなことでは、自分を成長させることはできません。

とにかく、他人はどうでもいいのです。他人と比較する必要はない。また、競争する必要もない。まして、嫉妬する必要などないのです。そもそも他人と比較しているほどに、

人生は長くありません。

競争や比較をするなら、昨日の自分とすることです。そうして自分を成長させることです。ここに心を定めることが大事です。

日々、みずからを高めていく。そういうことができる人が「仕事の達人」だと自他共に認める人材になるのです。そのことを、ぜひ記憶にとどめておいてください。

そうすれば、あなたは「人生の達人」になることでしょう。昨日の自分と競争する、比較する。これが「仕事の基本」だということです。

20

失敗することはない。

◎「人生は、雨。ときおり晴れ」ぐらいのもの

失敗はしたくない。誰でもそう思います。思いますから、ある人は命がけで努力する。ある人はそれなりに取り組む。

初めから、失敗をしてもいいとか、ましてや失敗したいと思う人はいないでしょう。

そのように、失敗することなく、ひたすら成功を実現しよう、成功という果実を得たいと願います。しかし、たいていの場合は失敗する。

経験的に言えば、10回のうち9回、ひょっとすると100回のうち1回くらいしか成功しないのではないかと思います。それほど成功を手に入れることは難しい。

「人生は、山あり谷あり」とよく言われますが、実際には「谷あり谷あり谷あり、山あり、谷あり谷あり」と言ったほうが、事実に近いのではないでしょうか。

ですから、あなたが仕事でうまくいかない、失敗ばかりだとしても、それほど深刻に考える必要はありません。

「人生は、雨。ときおり晴れ」ぐらいに心得ておいて間違いはありません。

では失敗の連続でありながら、「失敗することはない。」とは、どういうことでしょうか。失敗をゼロにする方法はあるのでしょうか。

そのような魔法のような手段が、あるのかというと、実はあるのです。

それでは、どういう考え方、方法で失敗をなくすことができるのか。それは「失敗の活用」です。すなわち、失敗を結果として成功する「きっかけ」にすることです。

一つの成功は、一つの失敗、あるいはいくつもの失敗を見つめ、反省し、工夫し、新たな知恵を加えることで成し遂げられるものです。

とすれば、結果として成功して満足する成果を得ることができたとすると、その失敗は、あるいはそれまでの失敗は、失敗ではないということになります。

そうでしょう。その成功はそれらの失敗のお陰なのです。

失敗で成功が得られたとするならば、もはや失敗は成功するために必要なものであったことになりますから、**成功した途端に、あるいはことが成就した途端に「失敗」は雲散霧《うんさんむ》消《しょう》。それは、「成功への一里塚」だったことになる**のです。

◎失敗しなければ、成功もない

多くの偉大な成功を収めた人たちは、いわゆる失敗があったからこそ、あるいは挫折があったからこそ、大きな成功を得ていることはみなさんもご存知でしょう。

マイクロソフトのビル・ゲイツは、大学生のとき最初に世に送り出したデバイス「Traf-O-Data 8008」のプレゼンテーションでデモ機が動かず、決定的な失敗をしています。

アップルのスティーブ・ジョブズは、最初に売り出した1万ドルもする、しかも大きくデザインも悪いコンピュータがほとんど売れませんでした。

映画監督のスティーブン・スピルバーグは、学習障害でいじめを受け、大学も3回断られ、入学するも中退しています。

ウォルト・ディズニーは、就職した新聞社を解雇され、その後起業しますが3回連続で倒産しています。

ケンタッキーフライドチキンのカーネル・サンダースは、40以上もの職を転々とし、ガソリンスタンドを経営しますが、失敗して鬱病になります。さらにレストランをオープンしますが火災に遭う。レストランを再開しますが多額の借金。フライドチキンのレシピを売るためにアメリカ中を回りますが、なんと千回以上断られています。

日本の偉大な成功を成し遂げた人々も、多くは成功の果実を手に入れる前に、幾多の挫折、たび重なる失敗をしています。

いや、むしろ偉大な人たちほど多くの「失敗」、あるいは「挫折」をしています。

しかし結果として、彼らはとてつもなく大きな成功を収め、世界中の多くの人から尊敬と憧れをもって、高い評価を得ています。

そして我々は、彼らを成功者、偉大な人と呼ぶ。

その一つが成功するまでの失敗の数がいくら多くても、決して「失敗者」とは言いません。それは、多くの人たちは、そのような挫折、失敗を活かしたからこそ成功したのだと直感的に認識しているからです。

要は、失敗をしなければ、成功することもなかったのです。

◎「失敗は普通、成功は異例」

そうです。失敗しても、挫折してもいいのです。それを次の成功の糧《かて》にすればいいのです。

糧にして成功すれば、失敗は失敗ではなくなる。失敗と思われたことも実は成功だったのだということになるのです。

失敗を糧にせず、次も失敗する。あるいは一つの仕事の失敗で再度挑戦することをあきらめ、一つの敗北で人生を投げ出す。そういうことであれば、失敗はずっと失敗であり続けます。

ですから、あなたが仕事において成果を出そうとするならば、あるいは「仕事の達人」なるためには、**つねに失敗を出発点にして、次に成功すればよい**のです。

失敗のないところに成功はないのですから。

そうすれば、仕事において、いや人生において失敗はないと言えるのではないかと思います。

「人生は、99%の失敗と1%の成功である」と言えます。「失敗は普通、成功は異例」と言ってもいいでしょう。

◎人生は指輪のようなもの、輝くときも最悪なときもある

ドイツの哲学者、フリードリッヒ・ニーチェの『ツァラトゥストラはかく語りき』を読

まれたことはあるでしょうか。

その中に「永遠回帰の指輪」という言葉が出てきます。

ニーチェは、「人生は指輪のようなものだ」指輪の輪を、ぐるぐると回り歩いているようなものだ。と言うのです。

「人生には、光り輝くダイヤのときもあるが、その指輪の輪の長い部分を歩き続ける、おうおうにして忘れてしまいたいような最悪のときもある。総じて人生は、ダイヤと輪で成り立っている指輪のようなものである」と言うのです。

「そのダイヤとともに、いやなこと、失敗したことも肯定する。そのように全肯定しなければ、人生は成り立たない」

それどころか、「自分のいやなこと、耐えがたいこと、失敗したことを、しかたなく受け入れるのではなく、むしろその苦しみや耐えがたいことを積極的に求めよ」とまで言っています。

要は、失敗を否定し去るのではなく、それを成功につなげることが大事。そうでなければ、「指輪」は存在できなくなる。人生そのものの意味がなくなってしまう、というように読んでもいいのではないでしょうか。

だからと言って、最初から仕事は失敗するものだという考えで取り組んではいけません。絶対に成功させるんだ、という覚悟と熱意で取り組まなければならない。それでも失敗するのです。

◎失敗を見ると、成功の仕方がわかる

失敗は、直視することです。

失敗したことやイヤなことは、なるべく考えたくないし見たくありません。それは人情としてわかりますが、それでは次につなげることはできません。

まして、成功を手に入れるためにどう対応をすればいいのか、どう動けばいいのかを知ることは不可能です。

いやなこと、耐えがたいこと、失敗したことを直視することで、どこにその原因があったのかが、たいていの場合わかります。

そうすれば、次のときにどのような対応をすればいいのか、どのような準備をすればいいのかがわかるはずです。

そして、その対応方法がわかっても、自分一人ではいくら考えても、どのような対応、どのような準備をすればいいのか思いつかない、あるいはどうも自信がないという場合には、多くの人に尋ね、知恵を借り、場合によっては実質的に協力してもらうように頼むということがあってもいいでしょう。

失敗したから、もう駄目だということはありません。

経験的に、そのように言うことができます。

ここに書ききれないほどの、失敗をしてきました。多くの人たちにも家族にも迷惑をかけるような失敗もありました。

しかし、いつも「行き詰まっても、行き詰まっていない」「失敗しても、これは成功の始まり」「この失敗を次の成功につなげる方法は必ずある。絶対にある」と強く思って、今日まで仕事や人生と取り組んできました。ですから確信を持って伝えることができるのです。

失敗は、あり得ません。

失敗を成功の出発点にしさえすれば、その失敗は成功のウチです。「社内の階段」を確実に上っていこうとするならば、「失敗はない」という考え方をして、仕事に取り組まなければなりません。それが「仕事の達人」の行き方です。

「失敗はない」という考え方で人生に取り組んでいけば、また、あなたは「人生の達人」にもなるでしょう。

21

要領よく、仕事をする。

◎「要領よく」は、速さと正確さを備える

仕事を素早く仕上げる。

上司の指示を、上司の期待以上の「速さと鮮やかさ」で結果を出し、報告する。

このように要領よく、仕事をしなければなりません。それが「仕事の基本」です。そのような仕事ができる人が「仕事の達人」と言えると思います。

要領がいい、というとなにやらイメージが悪いかもしれません。

「アイツは要領がいいから、あのポストに就いた」「彼、まあ上司にゴマをすって、要領がいいね」「あの人は適当に手を抜いて仕事をしているよね。要領がいいというか、ずるいと思わない？」などと言います。

しかし、要領とは、要点のこと。あるいは物事をうまく処理する手順やコツです。

「要領がいい」ということは、「要点を心得て物事の処理や立ち回りがうまい」と辞書にある通り、本来は「ほめ言葉」です。

それが、なにやら「アイツは要領がいいだけで実がない」というような意味合いになっ

たのは、「要領のよくない人たち」の「要領のいい人」に対する、ひがみや嫉妬からではないかと個人的には思っています。

ですから、「要領よく仕事をする」というのは、仕事の結果が迅速、正確かつ鮮やかで、上司の期待通り、いやそれ以上の結果を出すということなのです。

それをよく物語る話があります。

◎人の協力も得て迅速、鮮やかに

木下藤吉郎（のちの豊臣秀吉）の「墨俣一夜城物語《すのまたいちやじょうものがたり》」。154ページにも書いたように、秀吉は最初、織田信長の身辺雑用係をしていました。

しかし、信長が美濃《みの》（岐阜県）の攻略をする頃には、いわゆる将校の身分にまで出世していました。

秀吉や重臣・丹羽長秀《にわながひで》の活躍によって美濃の攻略はじわじわと進み、美濃の大部分は信長の勢力圏に組み込まれます。

そして残る西美濃を攻略するため、信長は墨俣（岐阜県大垣市）の地に城を築き、そこを足がかりに美濃の完全制覇を計画します。

しかし、墨俣は美濃の領主である斎藤龍興《さいとうたつおき》の勢力との狭間《はざま》にあり、築城の際に妨害を受けることになります。この築城の仕事を他の有力武将が担当しますが、いずれも完成間近になると斎藤軍の攻撃を受けて失敗に終わります。

信長が次なる担当者を誰にしようかと思案していると、秀吉がみずから手を挙げて、この仕事を引き受けます。

諸将がしり込みしていたほどですから、多くの武将たちは「サル（秀吉のこと）がごときが、かようなことができるはずはない。単なるパフォーマンスだ」と言ったかどうかはわかりませんが、多分、そのような周囲の反応ではなかったかと思います。

そのような中で、秀吉はほとんど完璧にやり遂げるのです。「速く、そして鮮やかに」成し遂げます。

秀吉は、信長に仕える前に、尾張《おわり》（愛知県）周辺を放浪していますが、その時期に、美濃の野伏《のぶし》を束ねる蜂須賀小六《はちすかころく》の下にいたことがあるといわれています。

野伏とは傭兵《ようへい》のようなもので、どちらの陣営にも属さず、しかしいずこかの陣営から誘われれば、あるいはみずからを売り込んで戦う、そのような者たちです。

そして、戦いが終われば、戦場に遺棄された武器を拾い集め、あるいは死体から武具や装備をはぎ取って売り払い、稼ぎにする。

まあ、あくどいというかあこぎというか、野盗のようなものです。秀吉は、その頭目の小六を訪ね、自分の計画を説明して協力を依頼する。

その計画とは、あらかじめ別のところで城を造って完成させ、完成させた城をばらばらにして、部材ごとに墨俣に運び込んで一気に築城しようというものでした。

実に要領のいい計画です。

今で言うプレハブ工法。その計画だけでなく、成功したら多額の報酬が与えられること、小六や主だった者たちを織田家に仕官させること。その二つを約束して、小六に野伏たちの協力を取りつけます。


そのようなやり方で、墨俣城は一夜にして、というのは誇張で、実際には7日間ほどで完成させることに成功します。

斎藤軍は、それほどの短期間で墨俣に城が建ちあがるとは思わず、今までのように相当な期間がかかるだろう、ある程度建ちあがったところで攻撃をかけ撃破しようと油断していると、まさにあっという間に城ができ上がってしまった。

それに気づいた斎藤軍は、慌てふためき攻撃をしますが、すでに時遅し。斎藤軍は惨敗を喫し、この成功によって信長は斎藤龍興の本拠である稲葉山城（のちに岐阜城と信長が改名）を攻略し、美濃を完全制圧します。

秀吉のその後の出世は、この墨俣城築城の成功が実質的な出発点だと言っていいかもしれません。

◎「要領がよい」人は余裕を感じさせる

この秀吉の「墨俣一夜城物語」こそ、「要領よく仕事をする」好事例であると思います。「要領よく仕事をする」。すなわち、

①　仕事の優先順位を決めながら、柔軟に順番を入れ替えること。
②　仕事が早いこと。
③　創意工夫をして、今までにない仕事の仕方を考え出すこと。
④　次の仕事の段取りを想定しながら、今の仕事を処理していくこと。
⑤　ときに他人の力を借りること。なにより、これらのことを、
⑥　楽々と余裕を感じさせて仕上げること。

このようなことによって、「速さと鮮やかさ」が、あなたの仕事から感じられるようになれば、要領のいい「仕事の達人」と言われるようになるでしょう。

◎「新しいやり方」を考えよう

仕事は、いつも「大勢」でやってくるものです。しかし、あなたの「改札口」は、お客（＝仕事）が、一人ずつしか通過できません。

そこで考えなければならないのは、誰を最初に通し、次に通すのは誰にするか。

しかし、順番を決めていても突然、緊急の乗客が現れることがあります。そのときは、今の順番を考えずに、すぐに割り込ませて発車時刻に間に合わせてあげるというように、臨機応変に対応すべきでしょう。

それだけでなく、お客（＝仕事）を、いかに早く通過させるかをつねに工夫しなければなりません。

余談ですが、このごろの若い人に「切符を切る」という言葉が通じませんよと鉄道会社の役員が笑っていました。確かに今は自動改札となり、ＩＣカードのSuica、Kitaca、

ICOCA、PiTaPaなどで改札口をアッという間に通過できます。20年ほど前までは、検札の駅員が改札鋏《はさみ》で、お客の切符の一部を切り取っていました。
それなりに時間がかかったものでしたが、今では一瞬にして改札口を通り抜けられる。

それと同じように、あなたも「お客＝仕事」を、いかに素早く通過させるか、その速さを意識しなければなりません。
そして、その「速さ」を生み出すためには、新しい仕事のやり方を考えなければなりません。秀吉が「プレハブ工法」を考え出したように、改札口をICカードで通過できる装置を考え出したように、今までのやり方ではない新しい仕事の進め方を創意工夫すべきでしょう。

「今まで書類にして各部署に歩いて配布していたものを、メールで一斉に通知しよう」「会議時間がいつも長いので、会議は1時間以内と時間制限をしよう。そして立って会議をしよう」「今まで机の上に、未採決という箱と採決済みという箱を置いていたが、すべての決済は即レン（即時即刻レスポンス）にして二つの箱を置くことをやめよう」など、「速さ」を生み出す知恵を出すことが求められます。

◎次の「段取り」を考えよ

仕事を要領よく処理していくためには、次の仕事の段取りをあらかじめ想定し、考えておくことも大事です。

今の仕事をしながら、「次の仕事に取り掛かるときには、こういう段取りで取り組もう」「こういうことを押さえて進めることにしよう」などと考える。

そんなことは、今の仕事に集中しているときに、とても考えられないと思うかもしれませんが、経験的にそのようなことはありません。

今の仕事をしながら、ふと次の仕事のヒントが出てくる。

一休みしているときに、「そうだ、次の仕事はこれを確認する必要がある」「こういう段取りを組んでいこう」と思うことは、次を意識していれば可能です。

いや、それでも自分はパラレルに仕事をするのはイヤだ、できないというのなら、その仕事のひと段落ごとに、または夜、ベッドに入ってから、あるいは翌朝、ベッドの中で、しばらく次の仕事の段取りを考える。これならできるでしょう。

要は、今の仕事をしているうちに次の仕事を思い描くことによって、さまざまなヒントが生まれ、そして自然に段取りが決まってきます。ですから、今の仕事が終わった途端、直ちに次の仕事に取り掛かることができるのです。実に「要領のいい仕事の仕方」と言えるでしょう。

そのためには、こまめにメモを取ること。思いついたら、付箋でも紙切れでも構うことはありません。書きとめておく心掛けが大事になります。

一つの仕事が終わってから、そのつど、「さあ、どうするか、どこから手をつけようか」「どういう段取りにしようか」などと考えていると仕事のスピードは遅くなります。

要領のいい仕事をするには、事前の段取りが大事だということを心得ておくべきです。それこそ、「仕事の基本」です。

◎「人の力」もどんどん借りる

加えて、上手に他人の力、知恵を借りることも、まさに「要領よく仕事を進めていく必要条件」だと言えます。

一つの仕事を上司から指示され、引き受けたけれど、これは自分一人では手に負えないかもしれない、ということになれば、その力を持っている人に協力してもらう。あるいは知恵を出してもらう。そのことによって素早い対応が効果的にできます。

秀吉が、蜂須賀小六に協力を求めたことは、具体的で大いに参考になると思います。

秀吉が、自分一人で取り組んでいては、あの墨俣城は築城できたとしても相当な期間がかかり、途中で斎藤軍の攻撃を受け、前任者たちと同じ轍《てつ》を踏んでいたことでしょう。

上司から指示された課題、あるいは自分の仕事に取り組むとき、自分で考え抜いて、これは誰かの協力を得よう、力を貸してもらおうという結論になれば、できるだけ速く依頼をし、「速く、鮮やかに」課題を仕上げることが、「要領よく仕事をする」ことになります。

そのためには、日頃から人とのつながり、いわゆる人脈をつくっておくことも大事です。もちろん自分の知識を高め、充実していく努力はしなければなりませんが、おのずと限度があります。

そういうことから考えても、この人は、この能力に長《た》けている、あの人はこれに関する情報を持っている、という、そのような人脈をつくっていくことが、「仕事の達人」には大事な心得と言えるでしょう。

◎人を惹きつける、自分の魅力を磨く

そのような力なり、知恵を快《こころよ》く貸してもらうためには、あなた自身の人柄が極めて重要になってきます。いくら人脈を持っていても、いざというときに協力してくれないとすれば、それは「幻の人脈」です。

「実体のない人脈」では、あなたが力を貸してほしいとき、あなたが知恵を借りたいときに協力してくれません。

そう考えると、日頃からあなた自身が人間的魅力、人を惹きつける「愛嬌」を身につける努力、自分磨きの努力をしておく必要があります。

いずれにしても、要領よく仕事をすることは「仕事の基本」です。「速く、鮮やかに」仕事を仕上げる。「涼しい顔をして、軽やかに仕事をこなしていく」ことによって、あなたは着実に仕事ができる人と評価されるでしょう。

ぜひ、要領のいい「仕事の達人」になってください。

22

「人間大事」から、考える。

◎「人間」をどう考えるかが、仕事にとって大事

「人は誰でも偉大な存在である」

と言うと、なんという傲慢《ごうまん》な、と思われるかもしれません。

しかし、現実を直視すればそのように言えるのではないでしょうか。

もっと具体的に言えば、「人間は宇宙の動きに順応しつつ、万物を支配する力を持っている」――そのような立ち位置に立っていると言えるのではないでしょうか。

そのように言うと、なおさらのこと傲慢にもほどがあると思われるかもしれません。

しかし今も、ステーキのテレビCMが流れています。

わざわざ牛の絵に、この部分の肉ですよ、としるしが示され、すぐに美しい女性が笑顔でステーキを食べている映像が出てきました。

人間は、自分たちの胃袋を満たすために牛を飼育し、あるいは豚を飼い、最後は殺して食している。

それが罪にならないばかりか、おいしい肉の肉牛や豚を育てるための研究すらしています。

北海道の道路を早朝走れば、夜行性のキタキツネが、夜のうちに自動車にはねられ、何匹かがあちこちでコロコロと死んでいる。

その日の夕刊に報道されたり、テレビで「今朝、女満別《めまんべつ》の国道でキタキツネが車にはねられ死亡。現在、犯人を捜査中」などと報道されることはありません。

しかし、人間が人間を殺害すれば、事件にしても事故にしても大々的に報道され、犯人が捕まればときに死刑を宣告されます。

どうしてでしょうか。

卓越した「仕事人」になるためには、一度、深く考えてみる必要があるのではないかと思います。

なぜならば、あなたが人間だからです。そして人間の集まった会社で活動していくのですから。さらに、あなたが人間社会の中で過ごしていくのですから。

当然のこと、「人間をどうとらえるか」という自分なりの人間観を持っていなければ、人間とどう付き合い、どう向かい合い、どういう心で接していけばいいのか、どう動かしまとめていくのか、心定まらず戸惑うことになります。

それでは、真の「人生の達人」になることはできないでしょう。

それはちょうど、羊飼いが羊の本性なり性質なりを熟知していないと、羊を飼うことができないのと同じです。

多くの羊を飼育し、放牧し、集め、まとめることができるのは、羊の本質や性質を熟知しているからでしょう。言ってみれば、「羊観《ひつじかん》」とでも言うべきものをしっかり持っているからです。

◎「人間は誰でも偉大」と思えば「謙虚」に接するようになる

あなたが、もし十分に考えずに通念に従って、人間は小さな存在だ、卑小な存在だ、罪深い存在だというような人間観を持ち、そのような人間観で人々と接するならば、おそらく無意識に多くの人たちを小馬鹿にし、周囲の人たちをつまらない人々だと思い始めるでしょう。

そのように思い振る舞えば、どうなるでしょうか。

あなたは、社内のみならず、社会からも、なんと傲慢な、なんと偉そうな物言いをする人だと非難され、やがて嫌われ、除け者にされるでしょう。とても「社内の階段」を上ることはできません。

実際のところ、冒頭に書いた通り、**「人間は誰でも偉大な存在」「誰もが侵すべからざる尊厳を有する存在」であるという、そのような人間観を持ってこそ、あなたは多くの人たちから慕われる人になります。**

なぜなら、誰に対しても誠実に接するようになるからです。心から人々を尊重しながら接しなければいけないという思い、謙虚《けんきょ》な思いが生まれてくるからです。

人を差別することなく、すべての人に心の中で手を合わせながら、「ああ、この人は、偉大な存在だ」「自分とは異なるダイヤモンドを持っている人だ」という心で接するようになるからです。

このような考え方は、とくに禅宗にあります。

たとえば、「玄中の玄とは、なんぞや」と問われた趙州《じょうしゅう》和尚《おしょう》が答えて曰《いわ》く、「七中の七、八中の八」と応えます。

すなわち、「七人いれば七人みな仏、八人いれば八人みな仏、それが禅の本質だ」と応えています。

まさに「薫風《くんぷう》や　門を出づれば　釈迦《しゃか》に会ふ」で、人は皆、お釈迦様。誰もが偉大なお釈迦様で、誰もが素晴らしい人たち。老若男女を問わず、人間は誰でもそれぞれ固有のダイヤモンドを本質的に持っているのです。

まさに人間は宇宙の動きに順応しつつ、万物を支配する本質を持っているのだという考え方を、基本に禅宗は持っていると思います。

◎心惹かれる人物になるために、大事なこと

「人間は偉大だ」という人間観をしっかりと認識すれば、当然、「人間大事」という思いにいたるでしょう。

その「人間大事」の原点から、あらゆることを発想し行動すれば、あなたは周囲の人たちから尊敬され、敬慕《けいぼ》されるビジネスパーソンになることができます。

どの相手に対しても、そのような思いをもって接すれば、周囲の人々はあなたに心惹かれるでしょう。

あなたが、心の中で「手を合わせて」相手に接し語りかければ、相手はあなたを敬慕す

るでしょう。
あなたが高下駄を履いて、上から目線でものを言わなければ、周囲の人たちはあなたに尊敬の念を持つでしょう。

あるいは、一つの製品をつくるのも、これをつくれば利益が上がる、儲かるという考えではなく、そうした偉大な存在であるお客様に、不十分な製品、不良品を提供することは、実に、失礼で申し訳ないこと、あってはならないことだという思いを持つでしょう。

ときどき、大きな企業が不正会計をしたり、データ改ざんをしたり、不良品を出したりしています。それは、「人間大事」の人間観を経営者やビジネスパーソンが持っていないからです。そのような発想をしていないからです。

「人間無視」「人間軽視」で経営を行うから、こうしたトラブルが起こり、結局は企業の存立を危うくするような事態になるのです。

「人間は偉大なる存在だ」という人間観は、決して傲慢ではなく、むしろ謙虚と、人を尊重し、相手を敬《うやま》う心を醸成《じょうせい》します。

それだけでなく、そのような人間観からは、すなわち「人間大事」という考え方からは、

「それにふさわしい責任」「とてつもなく大きい責任」が生まれてきます。

当たり前でしょう。人間を小さな存在、つまらない存在と見るところから、他の人たちへの強い責任感、宇宙万物に対する重大な責任は出てくるはずがないからです。

もし、あなたが「人間は偉大な存在」「人間大事」という考えを、しっかりと理解、実践するならば、あなたは確実に社内で重要な人材と評価され、必ず「社内の階段の最上段」まで上り詰め、単なる「仕事の達人」ではなく、「人生の達人」「人間としての達人」になります。

そして、将来、必ず大きな組織を円滑に経営していく「人物」になるでしょう。

あなたの成功を心からお祈りしています。

おわりに

さあ、いかがだったでしょうか。

このように稿を書き終え、お読みいただいて、改めて「仕事の基本」といってもなにか特別のことではない、ごく普通のことだということに気づかれたと思います。

そうです。「仕事の基本」とは、「やるべきことをやる。やるべからざることはやらない」「当たり前のこと、普通のことを積み重ねていく」、松下幸之助さんの言葉で言えば、「雨が降れば、傘をさす」、そのようなごく当たり前のことなのです。

まだまだ、「仕事の基本」はあると思います。

あなたも、そうだと思われるならば、ぜひ本書の22項目に付け加えて実践し、どうぞ「仕事の達人」になり、多くの人たちに喜ばれ、確実に「社内の階段」「人生の階段」を上っていかれることを心から祈っています。

なお、本書を書き始めるきっかけは、日本実業出版社編集部の安村純氏、ランカクリエイティブパートナーズ株式会社社長の渡辺智也氏、お二人の温かい示唆によるもの。

そして、お二人のたびたびの助言と、時折、遅筆になるたびに励ましいただきましたおかげです。ここに記して、心から感謝します。

江口克彦（えぐち　かつひこ）
株式会社江口オフィス　代表取締役社長。
1940年、名古屋市生まれ。愛知県立瑞陵高校、慶應義塾大学法学部政治学科出身。故・松下幸之助氏の直弟子とも側近とも言われている。23年間、ほとんど毎日、毎晩、松下氏と語り合い、直接、指導を受けた松下幸之助思想の伝承者であり、継承者。松下氏の言葉を伝えるだけでなく、その心を伝える講演、著作は定評がある。現在も講演に執筆に精力的に活動。経済学博士でもある。参議院議員、PHP総合研究所社長、松下電器理事、内閣官房道州制ビジョン懇談会座長などを歴任。
著書に『凡々たる非凡―松下幸之助とは何か』（H&I社）、『松下幸之助はなぜ成功したのか』『ひとことの力―松下幸之助の言葉』『部下論』『上司力20』（以上、東洋経済新報社）、『地域主権型道州制の総合研究』（中央大学出版部）、『こうすれば日本は良くなる』（自由国民社）など多数。

働《はたら》き始《はじ》めた君《きみ》に伝《つた》えたい「仕事《しごと》の基本《きほん》」

2018年4月1日　初版発行

著　者　江口克彦　
発行者　吉田啓二

発行所　株式会社日本実業出版社　東京都新宿区市谷本村町3－29 〒162－0845
大阪市北区西天満6－8－1 〒530－0047

編集部　☎03－3268－5651
営業部　☎03－3268－5161　振　替　00170－1－25349
http://www.njg.co.jp/

印刷／厚徳社　　製本／共栄社

この本の内容についてのお問合せは、書面かFAX（03－3268－0832）にてお願い致します。
落丁・乱丁本は、送料小社負担にて、お取り替え致します。

ISBN 978-4-534-05573-6　Printed in JAPAN